JN409545

아가
雅歌

아가
雅歌

추천의 글 1

복음에 초점을 맞춘
비유적 해석서 나오다!

전 아 목사
(축복언어소장, KBS성우실장역임, 문화신학 교수, 예수로 교회 담임목사)

성경을 해석함에 있어 위험한 요소가운데 하나는 지나친 영해(allegorical interpretant)이다.
이로 인하여 영지주의(gnosticism)의 이분법적 해석이나 자의적 해석으로 인한 이단적 요소에 빠지는 것이다. 그러나 더욱 위험한 요소가운데 하나는 성경의 본질적 의미를 지나쳐버린 인간중심적인 현상학적 해석(phenomenology interpretant)이다.
또한 저자가 제시한 [아가]의 해석이 만왕의 왕 되신 그리스도와 그의 신부 된 교회 간의 관계를 다루고 있다고 보는 예표론 적(typological) 해석법을 간과할 수 없을 것이다.

그동안 [아가]는 수많은 사람들에 의하여 해석되어 왔으며 나름대로의 의미가 있고 각기 다른 다양한 해석으로 이어져 왔다.
그로 인하여 본질에서 벗어난 편협한 해석에 빠지거나 성경이 의도하는 하나님의 뜻을 간과하는 오류에 빠지기도 한 것이 사실이다.

저자는 예표론 적 해석법을 바탕으로 풍유적 해석법으로 본서를 해석하므로 전제한 두 가지 해석상의 조화를 이루어 성서본래의 기록목적 즉 예수그리스도를 통한 구속사적(救贖史的) 메시지를 놓치지 않았다.

특별히 마가복음4장 33절로 34절 '예수께서 이러한 많은 비유로 그들이 알아들을 수 있는 대로 말씀을 가르치시되 비유가 아니면 말씀하지 아니하시고 다만 혼자 계실 때에 그 제자들에게 모든 것을 해석하시더라.'는 오직 '복음에 초점을 맞춘 비유적 해석'을 적용했다는 탁월함을 발견할 수 있다.
근간에 문제가 되고 있는 극단직 이단종파의 '비유풀이'는 '예수님의 비유적 해석'을 혼동시키고 있는바 본서를 통한 '복음에 초점을 맞춘 비유적 해석'이 기여 하는바는 매우 크다고 보며 이제 건강한 아가 서에 다시 한 번 푹 빠져볼 수 있겠다.

추천의 글 2

구하는 것은 하나님의 의를 구하는 것입니다!

위 석찬 목사
(합동총회신학원 학장, Virginia C.U. 목회대학원장, Westminster U. 겸임교수)

그리스도인에게 열린 구원의 길은 예수께서 여셨습니다. 예수 그리스도의 말씀을 통하지 않고 구원을 받을 수 있는 길은 없습니다. 예수께서 성경에 하신 말씀을 믿고 그 말씀을 따라가면 분명히 구원을 받을 수 있습니다. 예수께서는 구하라고 하셨습니다. 구하는 것은 하나님의 의를 구하는 것입니다. 구하면 받는다고 하십니다.

요한복음 16장

24.지금까지는 너희가 내 이름으로 아무 것도 구하지 아니하였으나 구하라 그리하면 받으리니 너희 기쁨이 충만하리라
25.이것을 비유로 너희에게 일렀거니와 때가 이르면 다시는 비유로 너희에게 이르지 않고 아버지에 대한 것을 밝히 이르리라

누가복음 11장

13.너희가 악할지라도 좋은 것을 자식에게 줄 줄 알거든 하물며 너희 하

늘 아버지께서 구하는 자에게 성령을 주시지 않겠느냐 하시니라

때가 이르면 구하는 자에게 성령을 주신다고 하셨습니다.

요한복음 14장

26.보혜사 곧 아버지께서 내 이름으로 보내실 성령 그가 너희에게 모든 것을 가르치고 내가 너희에게 말한 모든 것을 생각나게 하리라

김 길정 목사님은 [아가]를 통하여 하나님을 사랑하는 것이 어떻게 하는 것이며 이웃을 사랑하는 것이 어떻게 하는 것인지를 독자에게 알려주고 있습니다. 또한 예수 그리스도와의 연합이 어떠한 것인지에 대하여 알려주고 있습니다.

모쪼록 독자들이 [아가]를 통하여 예수 그리스도와 함께 구원의 길을 담대히 가시기를 바랍니다.

저자의 말

아가서를 해석하는 여러 해석법이 있습니다.
많은 해석법 중에서 풍유적(allegorical) 해석법과 예표론적(typological) 해석법이 있습니다.

풍유적(allegorical) 해석법은 가장 오래된 방법론으로서 이미 1세기경에 나름대로의 자리를 굳힌 것입니다.
알레고리는 확장된 은유(metaphor)라고 할 수 있으며, 대체로 역사나 실제 세계에 뿌리를 둔 것이 아니라 작자가 깨달은 것입니다.
그리고 알레고리의 목적도 특정한 장소나 인물과 관련된 실제 사건을 보여주는 데 있지 않고 관념적이고 영적인 진실을 제시하는데 있습니다.
많은 유대인 학자들은 본서를 여호와의 그의 택하신 백성인 이스라엘 간의 관계를 묘사한 책으로 이해했습니다.
특히 이 해석을 지지하는 기독교 주석가들은 대체로 본서의 내용을 그리스도와 그의 신부 된 교회 간의 관계 속에서 이해했습니다.

많은 학자들이 이 예표론적(typological) 해석법과 풍유적 해석법 간의 차이점을 인정하지 않고 있습니다.
그러나 거기에는 분명한 차이점이 있습니다.
풍유적 해석은 역사성이나 사실성을 무시하고 감추어진 영적 의미에 초점을 맞추는 반면, 예표론적 해석은 구약 성경의 본문 설명 자체를 실제적이고 역사적인 것으로 받아들이면서도 그 본문 속에서 신약 성경의 어떤 사건이나 가르침에 대한 예표론적(모형적) 연관성을 발견합니다.
따라서 본서의 내용이 만왕의 왕 되신 그리스도와 그의 신부 된 교회 간의 관계를 다루고 있다고 보는 것이 예표론적 해석인 셈이다.

이 두 가지 해석법들이 각기 일리(一理)를 지니고 있으니 본 저자는 예표론적 해석법을 바탕으로 풍유적 해석법으로 본서를 해석하였습니나.

(마가복음 4장)

33. 예수께서 이러한 많은 비유로 그들이 알아 들을 수 있는 대로 말씀을 가르치시되

34. 비유가 아니면 말씀하지 아니하시고 다만 혼자 계실 때에 그 제자들에게 모든 것을 해석하시더라

예수께서 듣는 자들이 알아들을 수 있게 하려고 비유로 말씀을 가르치셨다고 합니다.

다만 혼자 계실 때에 제자들에게 해석하셨다고 합니다.

예수 그리스도를 따르는 자가 제자입니다.

즉, 그리스도가 머리가 된 자가 제자입니다.

그리스도가 머리가 된 자는 성경을 깨달을 수가 있는 것입니다.

독자들께서도 예수 그리스도의 제자가 되길 바랍니다.

김길정 목사

목차

아가

雅歌 '아'자는 한자로 '밝은', '맑은'이라는 뜻입니다.

즉 밝은, 맑은 노래라는 것입니다.

아가(Song of songs) **:** 노래 중의 노래

히브리어 - '쉬르 핫쉬림'(שִׁיר הַשִּׁירִים)

사람이 들을 수 있는 말 중에 이보다 더 좋을 수 있는 말은 없다는 것입니다.

아가서는 우리들이 사는 동안에 예수 그리스도를 자신의 머리로 삼아 받은 지혜로 연단과 환난을 이길 수 있도록 하는 말씀이기 때문입니다.

1장

1. 솔로몬의 아가라

(왕상 4:32)
그가 잠언 삼천 가지를 말하였고 그의 노래는 천다섯 편이며

그가 : 솔로몬

잠언 : 자신을 훈계하는 말씀

삼천 : 그리스도로 인하여 하나님의 택함 받은

천다섯 : 그리스도와 함께 자신도 죽어야 하는 이유를 깨달음

솔로몬이 자신을 훈계하는 지혜를 하나님께 받아 그리스도와 함께 자신이 죽어야 하는 이유를 깨달아서 우리들에게 전한다는 말입니다.

'말하였고', '노래'는 성경에서 말씀을 '전하다'입니다.
또한 '나팔을 불다'도 말씀을 전하는 것입니다.
성경 안에서 노래한다는 것은 찬양과 찬송입니다.
즉, 솔로몬의 깨달음을 전하는 것이 '아가'라는 겁니다.

찬양이란 자신이 말씀을 받아서 전하는 것을 말합니다.

또한 말씀을 받은 땅(심령)은 말씀을 따라 행하였더니 하나님의 은혜를 깨닫게 되는 것입니다.

하나님의 뜻이 자신을 구원하시고자 하는 것을 알게 되어 하나님의 은혜와 사랑을 깨닫게 되는 것입니다.

그러므로 하나님께 감사가 저절로 나오게 되는 것이며 찬송을 하는 것입니다.

즉, 찬송한다는 것은 나에게 문제와 연단을 주신 것은 내가 하나님을 의지하여 구하여 받은 지혜의 말씀으로 이 문제와 연단을 이겨나가기에 하나님께 감사를 드리게 되는 것입니다.

솔로몬이 전하는 노래가 2절부터 시작합니다.

2. 내게 입맞추기를 원하니 네 사랑이 포도주보다 나음이로구나

(시 2:12)

그의 아들에게 입맞추라 그렇지 아니하면 진노하심으로 너희가 길에서 망하리니 그의 진노가 급하심이라 여호와께 피하는 모든 사람은 다 복이 있도다

내게 : 예수 그리스도를 말합니다.

시편의 '그의 아들'이 바로 예수 그리스도입니다.

예수 그리스도께 입을 맞추기를 원한다는 것은 예수 그리스도의 말씀을 마음으로 받아 깨닫기를 원한다는 것입니다.
그러면 예수 그리스도의 말씀은 무엇일까요?
하나님으로는 할 수 있게 하시는 부으시는 지혜 곧 '성령의 법'입니다.

성령의 법에 대한 말씀을 보시면

(잠언 1장)
8. 내 아들아 네 아비의 훈계를 들으며 네 어미의 법을 떠나지 말라
아비는 하나님입니다.
(마 23:9)에 **"땅에 있는 자를 아버지라 하지 말라 너희의 아버지는 한 분이시니 곧 하늘에 계신 이시니라"** 하셨습니다.
어미의 법 : 어미란 자신을 낳은 성령을 말하며, 법이란 규례입니다. 성령께서 낳았다고 하는 것은 곧 예수께서는 성령으로 잉태되신 것이며 모든 택함을 받은 자 또한 성령으로 잉태된 것입니다.
'아들들아'라고 부르는 것은 예수 그리스도께서 그 형제들을 부르시는 것이며 '내 아들아'라고 부르는 것은 곧 모든 택함을 받은 자를 성령이 부르는 것입니다.
어미의 법을 떠나지 말라 : 성령의 법을 떠나지 말라

9. 이는 네 머리의 아름다운 관이요 네 목의 금 사슬이니라
깨닫게 되는 훈계와 규례는 하나님이 우리를 온전하게 하시는 말씀이며, 그 받은 지혜를 사랑으로 전하여 얻는 것은 영생을 얻게 하는 열매들이 될 것입니다.

나의 머리는 성령의 법으로 관이 씌어져야 합니다.

(고전 11:3)
각 남자의 머리는 그리스도요 여자의 머리는 남자요 그리스도의 머리는 하나님이시라

'아름답다'란 것은 하나님의 뜻을 이루기에 합당함을 말합니다.
나의 목은 하나님께 늘 구하여 받는 지혜의 통로가 되어야 합니다.
사슬이란 줄줄이 연결되어 있는 것을 말하며 하나님께 늘 구하여 받은 지혜로 금인 열매를 줄줄이 맺는 삶을 산다는 말씀입니다.

다시 본문을 보시면
예수 그리스도께서 우리들에게 지혜를 구하여 성령의 법을 깨닫고자 하는 자는 그리스도의 포도원에서 일꾼이라고 하십니다.
그러므로 예수께서 지혜자에게 노래하는 것입니다.

네 사랑이 : 말씀을 따르는 것이 예수 그리스도를 사랑하는 것이며 예수 그리스도의 사랑을 입는 자가 되는 것입니다.
입은 사랑으로 우리들은 이웃, 형제, 원수를 사랑할 수 있는 것입니다.

(요 14:21)
나의 계명을 지키는 자라야 나를 사랑하는 자니 나를 사랑하는 자는 내 아버지께 사랑을 받을 것이요 나도 그를 사랑하여 그에게 나를 나타내리라

그에게 나를 나타내리라 : 입은 사랑을 전하게 하신다는 말이며 전하는 것은 구하여 받은 지혜입니다.

다시 본문을 보시면
포도주란 어떤 사람이 자기를 부인하고 하나님을 향했을 때 곧 말씀을 따름으로 나타나는 결과를 말입니다.
예수 그리스도의 포도주는 성령의 법이며 하나님께 선택을 받은 모든 이들이며 우리에게는 성경을 깨닫게 하는 지혜와 깨달은 구원의 방법과 그것을 전했을 때 맺게 되는 열매와 전도의 결과 등이 모두 포도주입니다.
무엇인가를 바라는 결과에 마음을 쓰지 않고 오직 말씀을 따름으로 자신의 심령이 정결해져서 하나님의 뜻을 이루고자 한다는 말입니다.
포도주만을 바라는 자는 자고한 자가 되는 것입니다.
나음이로구나 : 구원을 받는 길을 가고 있다는 말입니다.

3. 네 기름이 향기로워 아름답고 네 이름이 쏟은 향기름 같으므로 처녀들이 너를 사랑하는구나

네 기름 : 기름이란 자신이 가는 길에서 힘이 되는 것을 말합니다.
우리들이 가는 길에서 힘이 되는 것은 성령의 인도함이 되어야 합니다.

향기롭다고 합니다.

(민 28:2)
이스라엘 자손에게 명령하여 그들에게 이르라 내 헌물, 내 음식인 화제물 내 향기로운 것은 너희가 그 정한 시기에 삼가 내게 바칠지니라

정한 시기 곧 깨달았을 때에 자신의 생각과 행위를 말씀으로 태울 때 나오는 것이 향기로운 것이라고 하십니다.

아름답고 : 성경은 하나님께 속한 것을 아름답다고 말합니다.
하나님의 뜻을 이루기에 아름답다고 하십니다.

다시 본문을 보시면
쏟은 향 기름 : 하나님을 향한 길에서 마음과 희생 곧 피 흘리는 삶을 말합니다.

(마 26:13)
내가 진실로 너희에게 이르노니 온 천하에 어디서든지 이 복음이 전파되는 곳에서는 이 여자가 행한 일도 말하여 그를 기억하리라 하시니라

복음이 전파되는 곳 곧 자신의 심령을 말하며 향 기름을 쏟은 곳 또한 피 흘린 곳을 말하며 말씀을 받아 행하는 여자인 자신이 일을 행한 곳을 말합니다.
우리들이 행하는 일은 하나님 말씀으로 자신의 심령을 정결하게 하는 것입니다.

마태복음에는 예수께서 십자가에 달린 뒤 장사 될 것을 예비하여서 한 여자가 그리스도의 머리에 향유를 붓는 일이 기록되어 있습니다.

예수께서 그 여자의 기름 붓는 행위가 예수의 장사를 위함이라고 말씀하십니다.
예수의 장사를 위함이란 하나님의 계획에 따라 십자가에 달려 죽는 죽음이 헛되지 않도록 하기 위함이라는 뜻이 있는 것입니다.

그래서 그리스도께서 완성한 성령의 법을 깨달은 자는 누구든지 그리스도의 죽음이 헛되지 않도록 하기 위해 그 여자가 행한 것처럼 그리스도의 몸인 교회의 머리 되신 그리스도의 이름이 세상에서 썩어 사라지지 않도록 해야 합니다.
그것을 행함이 '그 여자'가 한 일인 그리스도의 머리에 향유를 붓는 일입니다.
그래서 반드시 그 여자의 일이 기억하리라고 말씀하신 것입니다.

다시 본문을 보시면
처녀들이 : 예수 그리스도를 기다리는 신부들을 말합니다.
그리스도의 도를 전해 받고 그 도를 믿는 모든 사람은 그리스도의 신부가 될 사람들입니다. 그래서 처녀라고 말하는 것입니다.
또한 처녀란 마음에 어느 것도 의지하는 것이 없는 상태의 사람을 말합니다.

너를 사랑하는구나 : 예수 그리스도의 가르침 곧 말씀을 사랑하는구나
하나님을, 예수를 사랑한다는 것은 계명을 지키는 것입니다.

(요 14:21)
나의 계명을 지키는 자라야 나를 사랑하는 자니 나를 사랑하는 자는 내 아버지께 사랑을 받을 것이요 나도 그를 사랑하여 그에게 나를 나타내리라

다시 본문을 보시면

네 이름이 : 이 말씀을 마음으로 받아 '하나님이 내게 주시는 말씀'이라고 깨닫고 믿는 사람은 바로 생명책에 이름이 기록되어 있는 것입니다.

흰 돌 위에 이름이 새겨진다는 것이 바로 이것입니다.

(계 2:17)
귀 있는 자는 성령이 교회들에게 하시는 말씀을 들을지어다 이기는 그에게는 내가 감추었던 만나를 주고 또 흰 돌을 줄 터인데 그 돌 위에 새 이름을 기록한 것이 있나니 받는 자 밖에는 그 이름을 알 사람이 없느니라

귀 있는 자 : 하나님을 의지하는 자, 지혜를 구하는 자

이 말씀이 자신에게 주는 말씀이라고 생각하지 않는 자는 들을 수가 없는 것입니다.

책망의 말씀을 깨달아 자신이 따르던 그릇된 말들과 이론과 그 말과 이론을 지어낸 자들을 너희 마음속에서 지우는 것이 이기는 것입니다.

성령의 법으로 자신의 세상을 향한 생각을 버리는 것이 이기는 것입니다.

이기는 그에게는 내가 감추었던 끊이지 않는 생명수와 같은 말씀인 만나를 주고 또 너를 깨끗하게 하여 나와 같이 흰 돌이 되게 할

것인데 그 돌 위에 새 이름을 기록한 것이 있다.

그 돌 위에 새 이름을 기록 : 이기고 자기를 부인하고 말씀을 따른다면 예수께서 함께하는 것을 확인시켜 줄 것이라 하십니다.

그 이름을 알 사람이 없느니라 : 그러나 그것은 받은 자만 알 수 있다. 이 말씀이 진리임을 믿는다면 반드시 확인하게 됩니다. 예수께서 함께하심을.

4. 왕이 나를 그의 방으로 이끌어 들이시니 너는 나를 인도하라 우리가 너를 따라 달려가리라 우리가 너로 말미암아 기뻐하며 즐거워하니 네 사랑이 포도주보다 더 진함이라 처녀들이 너를 사랑함이 마땅하니라

왕이 나를 그의 방으로 이끌어 들이시니 : '왕'이란 그리스도와 더불어 왕이 된 자를 말합니다.

(벧전 2:9)
그러나 너희는 택하신 족속이요 왕 같은 제사장들이요 거룩한 나라요 그의 소유가 된 백성이니 이는 너희를 어두운 데서 불러 내어 그의 기이한 빛에 들어가게 하신 이의 아름다운 덕을 선포하게 하려 하심이라

(계 20:6)
그들이 하나님과 그리스도의 제사장이 되어 천 년 동안 그리스도와 더불어 왕 노릇 하리라

또한 자신이 왕은 그리스도가 되어야 하는 것입니다.

(고전 11:3)
그러나 나는 너희가 알기를 원하노니 각 남자의 머리는 그리스도요 여자의 머리는 남자요 그리스도의 머리는 하나님이시라

다시 본문을 보시면

너는 나를 인도하라 : 지혜자는 예수 그리스도의 말씀을 따라 예수 그리스도의 희생이 값진 것이 되게 하라.

우리가 너를 따라 달려가리라 : '우리'는 성경에 새겨진 아들들을 말합니다.

지혜 받은 자의 입에서 나오는 하나님의 말씀은 이 아들들을 기록한 성경이기 때문에 이렇게 표현된 것입니다.

성경에 이 '우리'가 에녹 이후에 수만이나 되는 것으로 전하고 있습니다.

(유 1:14)
아담의 칠대 손 에녹이 이 사람들에 대하여도 예언하여 이르되 보라 주께서 그 수만의 거룩한 자와 함께 임하셨나니

그 수만의 곧 그 '우리'가 세상에서 그리스도의 몸 안에서 하나 되는 '우리'에게 함께하여 '우리'의 일을 돕는 것입니다.

달려간다는 것은 성경을 통하여 깨달아 믿음을 강하게 한다는 말입니다.

다시 본문을 보시면

우리가 너로 말미암아 기뻐하며 즐거워하니 : 성경을 통하여 깨달음을 받아 세상 것을 추구하는 마음을 버리게 됨으로 마음에 평안을 얻고 구원을 받을 수 있다는 소망을 가지게 됨으로 즐거워하니

(시 20:5)
우리가 너의 승리로 말미암아 개가를 부르며 우리 하나님의 이름으로 우리의 깃발을 세우리니 여호와께서 네 모든 기도를 이루어 주시기를 원하노라

다시 본문을 보시면

마땅하니라 : 하나님의 뜻을 이루기에 합당하니라

5. 예루살렘 딸들아 내가 비록 검으나 아름다우니 게달의 장막 같을지라도 솔로몬의 휘장과도 같구나

내가(예수) 죄를 지고 십자가에서 죽으니 너희 눈에는 죄인으로 보이겠지만 하나님의 말씀을 따라 세상을 정결하게 하기 위함이니 검은 염소 가죽으로 만든 장막처럼 검게 보일지라도 솔로몬이 지은 성전의 휘장처럼 나를 통하지 않고는 구원을 얻을 수 없다.

예루살렘 딸들아 : 하나님의 선민으로 그리스도를 영접한 자들이며 하나님을 향할 자를 낳을 자들을 말합니다.

사도와 제자들이 그들입니다.

게달의 장막은 검은 염소 가죽으로 만든 장막입니다.

게달이란 예수께서 십자가에서 달려 죽으신 것을 말합니다.

장막이라고 하는 것은 잠시 지었다가 다시 허는 인생과 같은 의미

입니다.

인생을 나그넷길로 인식하고 사는 사람의 모든 생각, 즉 가치관 등이 장막입니다.

'너와 네 집이 구원을 얻는다'는 말씀에서 집이 장막과 같은 의미입니다.

'휘장'이란 예수 그리스도를 의미합니다.

(히 10:20)
그 길은 우리를 위하여 휘장 가운데로 열어 놓으신 새로운 살 길이요 휘장은 곧 그의 육체니라

하나님과의 끊어진 관계 곧 행위로만 나타내려 하기에 막혀있던 관계를 예수께서 대속하심으로 하나님과의 관계를 회복하였으니 예수를 따르는 그 길은 영이 사는 길이 되는 것입니다.

(마 27:51)
이에 성소 휘장이 위로부터 아래까지 찢어져 둘이 되고 땅이 진동하며 바위가 터지고

예수께서 열어 놓으신 길은 우리들의 완악한 마음의 가죽을 베어내신 것이니 행위로만이 아닌 영육이 연합되게 곧 행위와 마음이 연합된 둘이 되고 예수를 영접한 자의 마음을 진동하며 그동안 율법을 행위로만 지키려 하던 생각을 버리게 하셨습니다.

6. 내가 햇볕에 쬐어서 거무스름할지라도 흘겨보지 말 것은 내 어머니의 아들들이 나에게 노하여 포도원지기로 삼았음이라 나의 포도원을 내가 지키지 못하였구나

사람의 몸을 입고 세상에 왔으므로 세상 사람 같이 죄가 있어 보일지라도 하나님이다.

(요일 3:5)
그가 우리 죄를 없애려고 나타나신 것을 너희가 아나니 그에게는 죄가 없느니라

내가 세상에 온 것은 하나님의 선민들이 율법을 행위로만 지키려고 하였으나 지키지 못하였고 그러므로 지키는 척하여 죽는 길로 가고 있었기에 하나님의 뜻인 구원을 이루기 위함이다.
나는 선민에 의하여 무너진 하나님의 포도원을 다시 세우기 위하여 온 것이다.
그러나 선민들의 포도원은 아들들이(선지자, 사사) 지켰었지만 정작 나는 포도원 지기가 되었으면서도 나의 포도원을 내가 지키지는 못하고 있구나.
선택을 받은 자는 그 포도원을 지키는 일꾼입니다.

햇볕에 쬐어서 거무스름할지라도 : 하나님의 뜻을 이루기 위하여 대속하고자 십자가에 달려 죽을지라도

7. 내 마음으로 사랑하는 자야 네가 양 치는 곳과 정오에 쉬게 하는 곳을 내게 말하라 내가 네 친구의 양 떼 곁에서 어찌 얼굴을 가린 자 같이 되랴

그리스도가 마음으로 사랑하는 지혜자야

'마음으로'라는 의미는 행위를 보는 것이 아닌 중심을 보신다는 말입니다.

사랑하는 자 : 그리스도가 사랑하는 자를 말하며 하나님을 그리스도를 사랑하는 자는 계명을 지키는 자를 말하는 것이며 하나님의 사랑을 입는 자가 되는 것입니다.

(요 14:21)
나의 계명을 지키는 자라야 나를 사랑하는 자니 나를 사랑하는 자는 내 아버지께 사랑을 받을 것이요 나도 그를 사랑하여 그에게 나를 나타내리라

(잠 8:17)
나를 사랑하는 자들이 나의 사랑을 입으며 나를 간절히 찾는 자가 나를 만날 것이니라

다시 본문을 보시면

네가 양 치는 곳 : '양'이란 하나님을 향한 순전한 자를 말하며 양 치는 곳은 자신의 심령이 됩니다. 하나님을 향하게 하려면 지혜를 받아야 합니다.

정오에 쉬게 하는 곳 : '정오'라는 것은 지혜를 많이 받는 것을 말하며 쉬게 한다는 것은 지혜를 많이 받아 하나님이 아닌 다른 것에 마음을 빼앗기지 않도록 한다는 의미입니다.

내게 말하라는 것은 구하라는 것이며 그리스도께서 함께하여 돕겠다는 말씀입니다.

이것이 내 이름으로 모인 자리에 나도 함께 있다는 말씀과 같은 말씀입니다.

(마 18:20)
두세 사람이 내 이름으로 모인 곳에는 나도 그들 중에 있느니라

다시 본문을 보시면

네 친구의 양 : 지혜자의 친구 양 곧 그리스도는 제자 된 자들의 동무이기도 하며 깨달은 말씀을 전하는 지혜 받은 자와 함께 받은 말씀으로 인하여 하나님을 향하게 되는 자 모두 지혜자의 친구입니다.

또한 친구는 자신의 생각들이 되는 것입니다.

8. 여인 중에 어여쁜 자야 네가 알지 못하겠거든 양 떼의 발자취를 따라 목자들의 장막 곁에서 너의 염소 새끼를 먹일지니라

여인 중에 어여쁜 자야 : 말씀을 받아 행할 자 중에 하나님께 속한 곧 하나님의 뜻을 이루고자 하는 자야.

하나님 말씀을 받아 행하여 하나님의 뜻을 이룰 자야 네가 어떻게 양 떼를 먹여야 할지에 관하여 알지 못하겠거든 성경에서 하나님이 세우신 선지자와 사사와 왕들이 어찌했는지를 보고 그들과 같은 모양으로 자신이 죄인임을 깨달은 염소에게 전하라.

새끼라고 하신 것은 지혜를 받아 자랄 자이기 때문입니다.

염소 새끼 : 스스로 부정한 죄인임을 자인한 자를 말합니다.
이들은 연단을 받기 위해 환난 중에 거할 것이고 혹은 성령의 법을 깨닫는 과정을 밟게 될 자들입니다.

'여인 중에'라고 한 것은 하나님을 향할 자를 '낳을 자'이기 때문입니다.

9. 내 사랑아 내가 너를 바로의 병거의 준마에 비하였구나

지혜자야 내가(예수 그리스도) 보기에 너의 다리(하나님께 받은 말씀을 행함)는 준마의 다리와 같이 급히 행하는구나.
준마란 빠르게 달리는 것 곧 말씀을 받아서 급히 행함을 말합니다.

(계 1:15)
그의 발은 풀무불에 단련한 빛난 주석 같고 그의 음성은 많은 물 소리와 같으며

그의 : 예수 그리스도

풀무 : 환난, 연단이며 예수께는 십자가입니다.

주석 : 놋이며 일꾼이라는 의미를 가집니다.

발 : 예수께서 보이신 행하심

많은 물소리 : 우리들의 하나님의 뜻과 다른 모든 행위나 생각들을 완전히 덮을 만한 양의 물인 말씀의 외침입니다.
율법을 행위로 지키는 곧 성령의 법을 덮은 세대를 멸하는 '논리의 홍수'를 말합니다.

10. 네 두 뺨은 땋은 머리털로, 네 목은 구슬 꿰미로 아름답구나

두 뺨은 오른편 뺨과 왼편 뺨이며 하나님을 향한 얼굴 중에 오른뺨은 하나님의 말씀을 받아 가진 모양을 나타내며 왼뺨은 말씀을 전하여 그로 인해 쌓아질 하늘의 열매를 바라는 뺨입니다.

(마 5:39)
나는 너희에게 이르노니 악한 자를 대적하지 말라 누구든지 네 오른편 뺨을 치거든 왼편도 돌려 대며

오른편 뺨을 치거든 왼편도 돌려 대라는 것은 하나님의 뜻을 이루기 위하여 말씀을 전하고 행함으로 인하여 받는 연단을 감내하라는 것입니다.

다시 본문을 보시면

땋은 머리털 : 머리털은 말씀이며 땋았다는 것은 많음과 논리 정연함을 뜻합니다.
땋은 머리털로 인하여 곧 말씀을 따름이 두 뺨에 나타나는 것입니다.

'목'이란 하나님과 연결됨을 곧 하나님께 구하여 받는 것을 말합니다.
구슬 꿰미 : 구슬은 진리를 말하며 '꿰미'란 (잠 1:9)의 '사슬'과 같은 의미입니다.
줄줄이 연결되어 있는 것을 말하며 하나님께 늘 구하여 받은 지혜가 많다는 말씀입니다.

하나님께 구하여 받은 말씀을 전하고 행하니 아름답다고 하십니다.
아름답다고 하는 것은 하나님의 뜻을 이룰 수 있음을 말합니다.

(잠 3:22)
그리하면 그것이 네 영혼의 생명이 되며 네 목에 장식이 되리니

지혜를 구하여 받아 행하는 것이 자신의 영혼이 사는 것입니다.
목에 장식될 것이라는 말은 우리들의 모든 생각과 행위에서 지혜가 요구하는 것을 할 것이라는 말입니다.

(왕상 7:17)
기둥 꼭대기에 있는 머리를 위하여 바둑판 모양으로 얽은 그물과 사슬 모양으로 땋은 것을 만들었으니 이 머리에 일곱이요 저 머리에 일곱이라

바둑판 모양이라는 것은 말씀 한 절 한 절이 서로 연결되고 논리의 근거를 뒷받침한다는 것입니다. 이것이 곧 사람을 낚는 그물 모양과 같은 것입니다.

11. 우리가 너를 위하여 금 사슬에 은을 박아 만들리라

우리가 곧 예수 그리스도와 아들들이(선지자, 사사) 지혜자인 너를 위하여 금 사슬에 곧 사슬이란 줄줄이 연결되어 있는 것을 말하며 하나님께 늘 구하여 받은 지혜를 금인 열매를 줄줄이 맺는 삶을 살 수 있도록 마음에 새겨주겠다는 것입니다.

(잠언 1장)

8. 내 아들아 네 아비의 훈계를 들으며 네 어미의 법을 떠나지 말라

아비란 하나님입니다.

(마 23:9)에 "**땅에 있는 자를 아버지라 하지 말라 너희의 아버지는 한 분이시니 곧 하늘에 계신 이시니라**" 하셨습니다.

어미의 법 : 어미란 자신을 낳은 성령을 말하며, 법이란 규례입니다.

규례는 이제부터의 말씀들 안에 있습니다.

성령께서 낳았다고 하는 것은 곧 예수께서는 성령으로 잉태되신 것이며 모든 택함을 받은 자는 예수님과 같이 성령으로 잉태된 것입니다.

'아들들아'라고 부르는 것은 예수 그리스도께서 그 형제들을 부르시는 것이며 '내 아들아'라고 부르는 것은 곧 모든 택함을 받은 자를 성령이 부르시는 것입니다.

어미의 법을 떠나지 말라 : 성령의 법을 떠나지 말라

9.이는 네 머리의 아름다운 관이요 네 목의 금 사슬이니라

깨닫게 되는 훈계와 규례는 하나님의 온전한 말씀이며, 그 받은 지혜를 사랑으로 전하여 얻는 것은 영생을 얻게 하는 열매들이 될 것입니다.

나의 머리는 성령의 법으로 관이 씌어져야 합니다.

'아름답다'란 것은 하나님의 뜻을 이루기에 합당함을 말합니다.

나의 목은 하나님께 늘 구하여 받는 지혜의 통로가 되어야 합니다.

사슬이란 줄줄이 연결되어 있는 것을 말하며 하나님께 늘 구하여 받은 지혜로 금인 열매를 줄줄이 맺는 삶을 산다는 말씀입니다.

12. 왕이 침상에 앉았을 때에 나의 나도 기름이 향기를 뿜어냈구나

왕 : 우리들에게 왕은 하나님이, 예수 그리스도가 되어야 합니다.

본 절의 왕은 예수 그리스도와 연합된 자신이 되는 것입니다.

(벧전 2:9)
그러나 너희는 택하신 족속이요 왕 같은 제사장들이요 거룩한 나라요 그의 소유가 된 백성이니 이는 너희를 어두운 데서 불러 내어 그의 기이한 빛에 들어가게 하신 이의 아름다운 덕을 선포하게 하려 하심이라

(계 20:6)
그들이 하나님과 그리스도의 제사장이 되어 천 년 동안 그리스도와 더불어 왕 노릇 하리라

다시 본문을 보시면

침상에 앉음 : '침상'이란 잠을 자는 곳을 말하며 우리들은 밤인 세상에 마음을 빼앗긴 상태이므로 우리들 심령은 침상이 되는 것입니다.

심령에 앉았을 때 곧 그리스도와 더불어 왕이 된 자가 심령 중심에 앉을 수 있는 것입니다.

앉는다는 것은 재판하는 자리에 앉는 것이며 그리스도를 머리로

한 자가 왕이 되어 심령을 다스리는 자리에 앉는 것입니다. 즉, 말씀을 깨달았을 때를 말합니다.

'나도 기름'은 마리아가 예수의 발에 부은 기름으로 예수를 따르겠다는 것입니다.

예수 그리스도를 따르는 것에 대한 말씀을 보시면

(요 12:3)
마리아는 지극히 비싼 향유 곧 순전한 나드 한 근을 가져다가 예수의 발에 붓고 자기 머리털로 그의 발을 닦으니 향유 냄새가 집에 가득하더라

발에 붓고 : 예수께서 가신 길을 따르겠다는 것입니다.

자기 머리털로 그의 발을 닦으니 : 자신이 깨달은 말씀을 행하는 것이 예수께서 가신 길을 따르는 것입니다.

예수를 따르는 것은 자기 십자가 지고 자기 부인하는 것입니다.

(마 16:24)
이에 예수께서 제자들에게 이르시되 누구든지 나를 따라오려거든 자기를 부인하고 자기 십자가를 지고 나를 따를 것이니라

예수 그리스도를 따르는 것은 받은 말씀으로 자신의 생각과 행위를 지우는 것을 말하며 곧 향기를 내는 삶을 말합니다.

다시 본문을 보시면

예수 그리스도의 '나도 기름'이 향기를 뿜어냈다는 것은 예수께서 하나님의 뜻을 이루려고 십자가에서 죽으심과 같이 우리들 자신도 예수를 따르는 길을 감으로 향기를 뿜어냈다는 것입니다.

13. 나의 사랑하는 자는 내 품 가운데 몰약 향주머니요

나의 사랑하는 자 곧 지혜자는 내 품 가운데 : 그리스도를 따르는 자이며 계명을 지키는 자이니 그리스도의 품 가운데 있는 자입니다.

'품'이란 하나님의 공의 안이며 성령의 법 안에 있는 것입니다.

(요 13:23)
예수의 제자 중 하나 곧 그가 사랑하시는 자가 예수의 품에 의지하여 누웠는지라

다시 본문을 보시면

몰약 향주머니 : 자신을 죽이고 성령을 받아 열매 맺을 것이라는 의미의 말입니다.

'몰약'은 동방박사가 예수께 드린 예물 중의 하나입니다.

(마 2:11)
집에 들어가 아기와 그의 어머니 마리아가 함께 있는 것을 보고 엎드려 아기께 경배하고 보배합을 열어 황금과 유향과 몰약을 예물로 드리니라

황금이란 '열매', 즉 하나님의 뜻을 이루어 열매를 맺음을 말합니다.

몰약이란 썩게 하여 쓰는 향품으로 십자가에 달린 것을 말하며 죽음으로 하나님의 뜻을 이룸을 말합니다.

유향이란 나무를 상처 내서 얻은 액체이며 향품입니다.

치료와 회복함을 말합니다.

예물은 예수께서 무엇을 하러 오셨는가를 나타내는 것입니다.

예물은 나 자신이 예수께 드리는 것이며 드린다는 것은 구하는 것입니다.
예수께서 받은 예물은 우리들에게 예물의 역할을 하는 것입니다.
그러므로 우리들 자신이 예물이 되어야 합니다.

14. 나의 사랑하는 자는 내게 엔게디 포도원의 고벨화 송이로구나

엔게디 : '새끼 염소의 우물'이란 뜻으로 자신이 죄인임을 자복하게 하는 말씀을 의미합니다.
새끼 염소의 우물 : 죽을 몸을 가진 죄인을 살리는 우물
우물 : 생명수가 솟는 곳
즉, 엔게디 포도원이란 스스로 죄인임을 인정하여 세상에 속한 자기를 부인하고 열매를 맺을 그리스도의 포도원을 말하는 것입니다.
고벨화 : 향기가 매우 진한 꽃으로 신부가 드는 꽃이며 우리가 신부입니다.

그리스도께서 사랑하는 지혜자는 그리스도의 말씀을 따라 어둔 세상에 속한 자신의 심령에 우물과 같은 역할을 하여 그리스도의 포도원이 되어 진한 향기를 내며 열매를 맺을 자라는 뜻입니다.

(겔 47:10)
또 이 강 가에 어부가 설 것이니 엔게디에서부터 에네글라임까지 그물

치는 곳이 될 것이라 그 고기가 각기 종류를 따라 큰 바다의 고기 같이 심히 많으려니와

'에네글라임'이란 '두 송아지의 우물'이라는 뜻을 가진 말입니다.
장차 영육이 연합하여 일할 송아지가 마실 우물이라는 것으로 엔게디나 에네글라임은 십자가 이후에 지혜를 받아 말씀을 전할 지혜자를 뜻합니다.

두 송아지의 우물 : 둘이라는 수는 그리스도께서 제자들을 세상에 보내실 때에도 사용하신 수입니다. 교회 세움의 수이며 영육이 연합됨을 말합니다.

(전 4:12)
한 사람이면 패하겠거니와 두 사람이면 맞설 수 있나니 세 겹 줄은 쉽게 끊어지지 아니하느니라

자신의 생각대로 행하는 자는 패할 것이요 영육이 연합된 자는 세상에 맞설 수 있는 것이며 성령의 인도함 곧 그리스도를 머리로 인정한 자는 그리스도와 더불어 왕이 된 자이므로 구원의 길을 가는 것입니다.

염소는 스스로 죄인임을 인정하는 자이고 송아지란 일꾼이 될 자를 말합니다.
이것은 두 부류를 말하는 것이 아니라 한 개인이 처음에는 새끼 염소가 되고 그다음에 영육이 연합된 두 송아지가 되어야 하는 것을 뜻합니다.
이 우물이 바로 그리스도께서 완성하신 성령의 법입니다.

그물 치는 곳이 엔게디에서 에네글라임까지가 될 것이라는 것은 이러한 자들이 바둑판 모양의 그물구조의 논리를 가진 그리스도가 완성한 성령의 법을 받아서 전할 자들이 될 것이라는 뜻입니다.

15. 내 사랑아 너는 어여쁘고 어여쁘다 네 눈이 비둘기 같구나

'어여쁘다'란 하나님의 뜻을 이루고자 하는 것을 말합니다.

눈 : 성경에서 눈은 마음을 의미합니다.

눈꺼풀 : 마음을 나타내는 자신의 모습입니다.

눈짓 : 하나님을 향하지 않고 다른 곳에 마음 두는 것을 뜻합니다.

'비둘기 같구나'라는 것은 마음이 성령의 인도함 곧 성령 충만하다는 말입니다.

16. 나의 사랑하는 자야 너는 어여쁘고 화창하다 우리의 침상은 푸르고

어여쁘고 : 하나님께 속한 곧 하나님의 뜻을 이루고자 하기에 어여쁘다고 하십니다.

화창 : 온화하고 맑다. (마음이 정결하다, 마음이 세상에 빼앗기지 않은 상태의 깨끗함)

우리의 침상 : 어두운 밤인 세상에 마음을 빼앗기기 쉬운 상태인 자신의 심령

푸르고 : 늘 하나님께 구하는 자는 하나님과 연결이 되어 있기에 말씀을 공급받아 푸른 것입니다.

(잠 11:28)

자기의 재물을 의지하는 자는 패망하려니와 의인은 푸른 잎사귀 같아서 번성하리라

자기 재물이란 자신이 가진 것 곧 자신의 생각대로 행하여 무엇을 이루고자 하는 자는 죽는 길로 가는 것이며 자신은 할 수 없음을 자인하고 하나님을 의지하는 의인은 늘 하나님께 구하여 받은 지혜가 있기에 푸른 것이며 말씀이 요구하는 행위인 잎사귀가 있는 것입니다.

17. 우리 집은 백향목 들보, 잣나무 서까래로구나

우리 집 : 영육이 연합된 집, 그리스도와 연합된 자신의 심령

'백향목'이란 성전을 지을 때 쓰는 나무인데 '나무'는 자신을 말합니다.

자신이 백향목이 되어 성전을 짓는다는 것은 자신의 심령이 하나님이 계신 전이 되는 것을 의미합니다.

성전을 지을 때 들보가 되어야 합니다.

잣나무 또한 자신이 되어야 하며 하나님께 받은 많은 지혜를 가짐을 의미합니다.

서까래가 잣나무로 되어 있다는 것은 지혜자에게 하나님이 주신 지혜가 풍부하기에 서까래 역할을 한다는 말입니다.

(고전 3:16)

너희는 너희가 하나님의 성전인 것과 하나님의 성령이 너희 안에 계시는 것을 알지 못하느냐

2장

1. 나는 사론의 수선화요 골짜기의 백합화로다

나는 : 예수 그리스도입니다.

사론 : 평지, 양 떼의 우리가 될 곳입니다.

(사 65:10)
사론은 양 떼의 우리가 되겠고 아골 골짜기는 소 떼가 눕는 곳이 되어 나를 찾은 내 백성의 소유가 되려니와

사론은 자신의 심령 중심을 말하며 양 떼란 하나님을 향하고자 하는 자신의 생각들을 말합니다.

'우리'란 보호를 의미합니다.

예수께서 자신의 심령 중심에 계신 수선화라는 말입니다.

골짜기 : 큰 산 시내산이 산으로의 역할이 끝나는 곳이며 작은 산 시온산이 시작되는 곳입니다.

행위와 마음의 사이를 말합니다.

소 떼가 눕는 곳 : '소'란 일꾼을 말하며 눕는다는 것은 쉼을 얻는 것을 말합니다.

예수 그리스도를 찾는 자는 골짜기의 상태인 심령을 다스려 하나님이 주신 기업이 된다는 것입니다.

골짜기는 우리들의 심령의 상태를 말합니다.

그래서 아골 골짜기라고 하십니다.

아골 : '괴로움', '근심'

(겔 37장)에 마른 뼈가 가득한 곳입니다.

이 골짜기에 예수 그리스도가 백합화로 계신 것입니다.

수선화, 백합화는 우리들이 열매를 맺을 수 있게 하신다는 말입니다.

2. 여자들 중에 내 사랑은 가시나무 가운데 백합화 갈도다

여자들 중 : 말씀을 받아 행할 자들 중, 하나님을 향할 자를 낳을 자들 중

내 사랑은 : 예수 그리스도가 사랑하는 자는 예수 그리스도의 계명을 지키는 자입니다.

(요 14:21)
나의 계명을 지키는 자라야 나를 사랑하는 자니 나를 사랑하는 자는 내 아버지께 사랑을 받을 것이요 나도 그를 사랑하여 그에게 나를 나타내리라

가시나무란 우리들 자신을 말하며 세상에 속한 마음을 가진 죄인임을 자복한 자를 말합니다.

죄를 자복한 자는 예수 그리스도를 영접한 자이며 하나님이 택하신 자입니다.

그래서 백합화 같다고 하십니다.

1절에 예수 그리스도를 백합화라고 하셨는데 우리들이 예수 그리스도를 따르는 자가 되면 백합화 같은 자가 되는 것입니다.

3. 남자들 중에 나의 사랑하는 자는 수풀 가운데 사과나무 같구나 내가 그 그늘에 앉아서 심히 기뻐하였고 그 열매는 내 입에 달았도다

남자들 중 : 선지자, 사사, 지혜자 이들은 모두 하나님께 직접 지혜를 받은 자들이어서 아들로 표현됩니다. 하나님께 구하여 받은 지혜를 전하는 자를 말합니다.

수풀 가운데 사과나무 : 예수께서 사랑하는 자는 곧 예수 그리스도를 따르는 자는 하나님께 지혜를 받은 자들 가운데 사과나무 같다고 하십니다.

사과나무 : 마음을 시원하게 하는 지혜를 가진 자는 우리들 자신이 되어야 합니다.

내가 그 그늘에 앉아서 : 예수께서 지혜자의 그늘에 앉아서 즉, 다윗의 위(자리)에 앉으신 것처럼 사과나무인 지혜자의 그늘에 앉아 계십니다.

하나님께 받은 지혜를 전하는 자로서 지혜를 받는 자의 마음을 시원하게 하는 자인 사과나무인 자는 그리스도가 사랑하는 자이며 예수께서 함께하신다는 뜻입니다.

2절과 3절의 여자와 남자는 각각 한 사람이 여자이고 남자가 되는 것입니다.

예수께서는 하나님의 관점에서 아들이며 성령의 관점에서는 제자를 낳아야 하므로 딸이 됩니다.

또 하나님의 아들 된 자에게 형제이며 성령을 힘입어 낳아야 하는 관점에서는 누이가 되기도 합니다.

자신이 남자가 되는 것은 하나님께 구하여 지혜를 받아 전하는 자가 되는 것입니다.

여자가 되는 것은 받은 지혜대로 행하는 자가 되는 것입니다.

그 열매는 내 입에 달았도다 : 하나님께 구하여 받은 지혜를 전하고(남자) 행하는(여자) 것은 자신(몸)의 심령을 정결하게 하는 것입니다.

4. 그가 나를 인도하여 잔칫집에 들어갔으니 그 사랑은 내 위에 깃발이로구나

예수 그리스도가 나(지혜자)를 인도하여 잔칫집(그리스도의 혼인잔치)에 들어가게 합니다.

예수 그리스도의 사랑은 나(지혜자)를 그리스도를 머리로 인정하여 따름으로 세상에 마음을 빼앗기지 않는 이기게 하는 것입니다.

또한 그리스도를 사랑하는 자는 그리스도를 따름으로 그리스도의 사랑을 입는 것입니다.

그리스도의 사랑을 입은 자는 자신의 세상에 속한 생각들인 형제, 이웃, 원수들을 사랑할 수 있는 것입니다.

(잠 8:17)
나를 사랑하는 자들이 나의 사랑을 입으며 나를 간절히 찾는 자가 나를 만날 것이니라

하나님의 지혜를 받은 자는 세상에 마음을 빼앗긴 자신의 생각들을 하나님을 향한 길로 모으는 자이며 곧 예수님과의 잔치에 참여할 수 있도록 하는 자입니다.

(시 20:5)
우리가 너의 승리로 말미암아 개가를 부르며 우리 하나님의 이름으로 우리의 깃발을 세우리니 여호와께서 네 모든 기도를 이루어 주시기를 원하노라

승리는 내 생각을 세상에 속하게 하는 사단과의 전쟁에서의 승리입니다.

'우리가'란 예수 그리스도와 연합된 자입니다.

(아 2:4절)의 **'그 사랑이 내 위에 깃발이로구나'** 말씀과 같은 의미입니다.

모든 기도는 의에 속한 것이 되어야 합니다.

(마 6:33)
그런즉 너희는 먼저 그의 나라와 그의 의를 구하라 그리하면 이 모든 것을 너희에게 더하시리라

5. 너희는 건포도로 내 힘을 돕고 사과로 나를 시원하게 하라 내가 사랑하므로 병이 생겼음이라

너희 : 2절의 전함 받은 말씀을 행할 자들인 여자들과 3절의 하나님의 말씀을 받은 남자들

건포도 : 예비한 열매를 맺을 수 있게 하는 말씀을 말하는 것으로 성경의 모든 말씀에 감추어진 비밀이 2절, 3절에 표현한 남자들과 여자들에게 주신 것입니다.

구하는 자들이 성경에서 깨달을 수 있는 것입니다.

내 힘을 돕고 : 나(예수 그리스도)와 힘을 합하여 지혜자를 도와 그 지혜자가 말씀을 온전히 깨닫게 하도록 하자는 것입니다.

우리들이 성경을 온전히 깨닫기를 바란다는 말입니다.

성경을 온전히 깨달으면 고민이 있는 심령이 시원해지는 것이 사과인 열매를 맺은 자가 되는 것입니다.

그것이 그리스도가 우리들의 심령을 시원하게 하고자 함과 같은 것이라는 말이 '사과로 나를 시원하게 하라'입니다.

내가 사랑하므로 병이 생겼음이라 : 예수 그리스도께서 사랑한다고 합니다.

죽는 길로 가고 있는 자가 안타까워 사랑하시는 것이 아니라 빛을 찾아다니는 자를 보시고 즉, 중심을 보시고 마음이 하나님을 향하고자 하는 자들을 사랑하시는 것입니다.

그러므로 병이 생겼다는 것은 하나님의 뜻을 이루시려고 우리들의 죄를 지고 십자가에서 죽으심을 말하는 것입니다.

(요 1:29)
이튿날 요한이 예수께서 자기에게 나아오심을 보고 이르되 보라 세상 죄를 지고 가는 하나님의 어린 양이로다

세상 죄를 지고 가는 하나님의 어린 양이로다 : 세상에 마음을 빼앗기고 있는 우리들의 죄를 대속하기 위하여 오시어 하나님의 뜻을 이루고자 자신을 우리들에게 본을 보이시려고 하나님께 드린 어린 양이로다

어린 양이란 하나님을 의지하고자 하나 아직 지혜가 부족한 우리들을 말합니다.

(롬 8:3)
율법이 육신으로 말미암아 연약하여 할 수 없는 그것을 하나님은 하시나니 곧 죄로 말미암아 자기 아들을 죄 있는 육신의 모양으로 보내어 육신에 죄를 정하사

율법을 지키고자 하나 육신을 가진 우리들은 세상에 마음을 빼앗기기 쉬운 상태인 연약하여 율법을 지키지 못하기에 지키는 척하며 죄를 범함으로 구원을 받을 수가 없는 상태가 되었으나 하나님은 우리들과의 언약을 지키시려고 예수를 보내어 우리들의 죄를 대속하게 하시려고 육신의 모양으로 육신에 죄를 정하여 곧 우리들에게 본을 보이시려고 십자가에서 죽으신 것입니다.

6. 그가 왼팔로 내 머리를 고이고 오른팔로 나를 안는구나

그가 : 예수 그리스도께서

왼팔로 내 머리를 고이고 : 예수께서 지혜자의 머리를 '높인다'는 뜻입니다.

'머리를 높인다'는 것은 지혜자가 받은 지혜를 전하여 많은 열매를 맺는 것이 교회의 머리 된 예수 그리스도를 높이는 것이기에 이렇게 표현한 것입니다.

예수께서 지혜자를 하나님의 뜻을 이루게 하시니 지혜자가 세상과 분리되었음을 말합니다.

왼편이나 왼쪽은 말씀을 전하고 행하였더니 나타나는 결과를 말합니다.

오른팔로 나를 안는구나 : 하나님의 말씀을 받아 힘 있는 오른(하나님의 뜻을 이루는) 팔(가진 말씀의 힘)로 예수를 따라가라는 말씀입니다.

오른쪽이나 오른편은 하나님의 뜻을 이루고자 하는 방편을 말합니다.

즉, 구하여 받은 말씀의 힘으로 예수를 따르는 길을 가면 열매 맺는 곧 구원을 받을 수 있다는 말입니다.

(잠 4:8)

그를 높이라 그리하면 그가 너를 높이 들리라 만일 그를 품으면 그가 너를 영화롭게 하리라

'높이라'는 것은 위의 것을 구하여 받아 따르라는 것입니다.

'높이 들리라'는 세상에 마음을 빼앗기지 않는 마음의 상태 곧 세상과 구별되게 하신다는 말입니다.
거룩함에 한 걸음 더 나아가는 것이며 하나님을 닮아 가는 것이기에 높이 드시는 것이 되는 것입니다.
영화롭게 하신다는 것은 하나님의 영광을 위하는 것이라는 말입니다.

7. 예루살렘 딸들아 내가 노루와 들사슴을 두고 너희에게 부탁한다 내 사랑이 원하기 전에는 흔들지 말고 깨우지 말지니라

예루살렘 딸들아 : 마음으로 하나님의 말씀을 따르고자 하여 하나님을 향할 자를 낳을 자들아
노루와 들 사슴 : 여리고 순한 곧 세상에 마음을 빼앗기기 쉬운 연약한 상태인 우리들을 말하고 있습니다.
너희에게 부탁한다 : 노루와 들 사슴과 같은 연약한 상태인 자들에게 하나님의 말씀을 전하여 하나님을 향하도록 하라.
깨우지 말라는 것은 노루와 사슴이 자고 있다는 것인데 잔다는 것은 야곱이 날이 새도록 천사와 언약을 받기 위해 싸우는 것과 동일한 과정입니다.

그런데 내 사랑이 원하기 전에는 흔들지 말고 깨우지 말라 하십니다.
말씀을 전하는 자가 전한 말씀은 받는 자가 원하느냐에 따라서 임

하는 것입니다.

구하는 자에게 곧 갈급함이 있는 자가 말씀을 깨닫게 되는 것입니다.

결국 '사랑이 원하기 전에'라는 말은 하나님을 향한 길을 가는 중에 연단을 통하여 하나님을 의지해야 구원을 받을 수 있음을 깨달았을 때까지를 말합니다.

(마 10:6)

오히려 이스라엘 집의 잃어버린 양에게로 가라

잃어버린 양은 여기서도 저기서도 빛을 보지 못함으로 빛을 찾아 헤매는 자이며 하나님을 향하고자 하는 자입니다.

빛을 찾는 자에게 말씀을 깨닫게 하시는 것입니다.

(마 10:13)

그 집이 이에 합당하면 너희 빈 평안이 거기 임할 것이요 만일 합당하지 아니하면 그 평안이 너희에게 돌아올 것이니라

하나님의 말씀을 구하는 자가 합당한 자이며 말씀을 전하는 자는 받는 자의 심령에 평안을 주는 말씀을 전해야 하며 말씀을 간구하는 자가 합당한 자가 되어 말씀을 받아 깨닫게 되는 것입니다.

그러므로 말씀을 전하는 자는 받는 자가 말씀을 받든지 받지 않든지 하는 반응을 마음에 두지 말라 하십니다.

말씀을 깨닫게 하시는 이는 성령께서 하십니다.

즉, 흔들지 말고 깨우지 말라 하십니다.

(마 10:14)
누구든지 너희를 영접하지도 아니하고 너희 말을 듣지도 아니하거든 그 집이나 성에서 나가 너희 발의 먼지를 떨어 버리라

발의 먼지를 떨어 버리라 : '흔들지 말고'와 같은 의미로 자신의 생각대로 마음을 쓰지 말라는 뜻입니다.

흔든다는 것을 욥기에 말씀하는 '매달려 흔들리느니라' 즉, 흔들어 죄 사함을 받는 요제를 뜻하는데 택함을 받은 자가 원하기 전에 곧 연단을 이겨내기까지 두라는 것입니다.

(욥 28:4)
그는 사람이 사는 곳에서 멀리 떠나 갱도를 깊이 뚫고 발길이 닿지 않는 곳 사람이 없는 곳에 매달려 흔들리느니라

다시 본문을 보시면

시편에 '그의 사랑하시는 자에게는 잠을 주시는도다'라고 하는 말씀이 본 절에서 말씀하시는 깨우지 말라는 말씀은 자고 있다는 것이며 시편의 '잠'입니다.

(시 127:2)
너희가 일찍이 일어나고 늦게 누우며 수고의 떡을 먹음이 헛되도다 그러므로 여호와께서 그의 사랑하시는 자에게는 잠을 주시는도다

(잠 3:24)
네가 누울 때에 두려워하지 아니하겠고 네가 누운즉 네 잠이 달리로다

지혜를 구하여 받았으면 자신의 심령에 전하여 행하게 해야 합니다.

받은 지혜를 전하는 곳이 세상에 마음을 빼앗겨 있고, 빼앗기기 쉬운 상태인 자신의 심령에 전하는 때가 '누울 때'입니다.
세상은 '밤'으로 표현하기에 세상에 속한 상태는 침상에 있는 것이며 누워있는 것으로 표현합니다.
세상에 속한 또는 속하려는 생각을 지우는데 두려워하지 않는다는 말입니다.

'누운즉 잠이 달리라'는 것은 세상인 심령에 말씀을 전하며 행하게 함으로 마음에 안식이 있게 되는 것이며 세상에 있어도 마음에는 괴로움이 없을 것이라는 표현입니다.

8. 내 사랑하는 자의 목소리로구나 보라 그가 산에서 달리고 작은 산을 빨리 넘어오는구나

내 사랑하는 자 곧 지혜자의 목소리가 들린다.
'목소리'란 깨달은 지혜를 전하는 것을 말합니다.
'목'은 하나님과의 연결됨을 말하며 늘 지혜를 구하여 받는다는 것입니다.
그가 산에서 달린다는 것은 시내산에서 나오는 지혜를 받는 것을 말하며 곧 성경에서 감추었던 만나를 받는다는 말입니다.
감추었던 만나를 받았기에 즉, 깨달았기에 작은 산으로 갈 수 있는 것입니다.
'작은 산을 빨리 넘어오는구나'의 작은 산은 시온산에서 성령의 법을 받기를 구한다는 말입니다.

(출 12:11)

너희는 그것을 이렇게 먹을지니 허리에 띠를 띠고 발에 신을 신고 손에 지팡이를 잡고 급히 먹으라 이것이 여호와의 유월절이니라

'급히 먹으라'가 깨달았으면 행하라 이며 '빨리 넘어'가는 것입니다.

9. 내 사랑하는 자는 노루와도 같고 어린 사슴과도 같아서 우리 벽 뒤에 서서 창으로 들여다보며 창살 틈으로 엿보는구나

노루와 어린 사슴 : 이방인 곧 빛을 찾고 있는 자이나 연약한 상태

우리 벽 : 우리들은 늘 세상과 말씀과의 경계에 있는 것입니다.

뒤에 : 성령의 법 안에는 아직 들어가지 못한 상태입니다.

서서 : 성경에서 '서서'라는 말은 깨어 있음을 뜻합니다.

자신이 있는 곳에 안주하지 않는 것이며 세상인 밤에 속해 있어 자고 있는 것이 아닌 하나님을 향한 길을 가고자 하는 모습입니다.

창 : 누구에게나 열려있는 예수님의 창

들여다보며, 엿 보는구나 : 들어가기를 바라고 있는 것입니다.

예수 안에 들어가는 것은 자기 부인하고 자기 십자가 지고 따라가는 것이기에 엿보고 있는 것입니다. 쉽게 들어가지 못하고 있는 것입니다.

(잠 7:6)

내가 내 집 들창으로, 살창으로 내다 보다가

집 안에 있는 분은 예수님입니다. 예수님은 내다보며 본 절의 지

혜자는 들여다봅니다.

– 지혜자의 노래 –

10. 나의 사랑하는 자가 내게 말하여 이르기를 나의 사랑, 내 어여쁜 자야 일어나서 함께 가자

어여쁜 자야 : 하나님께 속한 곧 하나님의 뜻을 이루고자 하는 자야.
'일어나서'란 현재 앉아 있든지 누워 있든지 자고 있다는 말입니다. 현실에 족하다고 안주하지 말고 게으르지 말고 연단 중에 있더라도 예수 그리스도께서 함께 고난의 길을 가자고 하십니다.

(딤후 2:3)
너는 그리스도 예수의 좋은 병사로 나와 함께 고난을 받으라

병사란 전쟁에 나가 싸울 자입니다.
전쟁이란 자신의 심령 안에서 자신의 생각과 싸우는 것입니다.
자신의 생각들은 세상에 마음을 빼앗긴 상태이며, 우리들은 세상에 마음을 빼앗기기 쉬운 상태로 연약합니다.
결국 말씀으로 자신의 생각을 돌이키게 하는 것이 전쟁인 것입니다.
나와 함께 고난을 받으라 : 예수 그리스도께서 받은 고난을 우리들도 마땅히 받아야 하는 것입니다.

11. 겨울도 지나고 비도 그쳤고

생명이 없는 겨울 곧 율법을 행위로만 지키던 때가 겨울입니다.
하나님의 선민이라고 하면서 율법을 자신의 생각대로 행위로만 지키려 하였으나 지키지 못하였고 또한 지키는 척하면서 거룩한 척하며 죽는 길로 가고 있기에 하나님께서 우리에게 주신 언약을 지키시려고 예수를 보내시어 사는 길로 가게 된 것입니다.
오늘날로 말하면 하나님 말씀을 따른다고 하면서 세상에 마음을 빼앗긴 상태로 사는 자들의 심령이 겨울인 것입니다.
예수를 따르는 것이 겨울이 지나는 것입니다.
'비도 그쳤고'란 율법을 자신의 생각대로 행위로 지키던 생각을 버렸다는 말입니다.

12. 지면에는 꽃이 피고 새가 노래할 때가 이르렀는데 비둘기의 소리가 우리 땅에 들리는구나

예수를 영접하고 하나님을 의지하여 구하여 받은 지혜로 인하여 심령에 열매를 맺을 수 있는 상태인 꽃이 피고 공중 나는 새처럼 세상과 구별되어 하나님을 의지하고 받은 말씀을 전해야 하는 때가 되었으며 성령의 인도함을 받는 우리가 되었다고 합니다.
예수 그리스도로 말미암아 구원의 길을 갈 수 있게 되었다는 말입니다.

13. 무화과나무에는 푸른 열매가 익었고 포도나무는 꽃을 피워 향기를 토하는구나 나의 사랑, 나의 어여쁜 자야 일어나서 함께 가자

겉으로만 나타내면서 하나님의 선민이라고 거룩한 척하던 곧 잎사귀만 무성했던 무화과나무가 예수 그리스도와 함께하니 열매를 맺었고 또한 익었다고 합니다.

(마 21:19)
길 가에서 한 무화과나무를 보시고 그리로 가사 잎사귀 밖에 아무 것도 찾지 못하시고 나무에게 이르시되 이제부터 영원토록 네가 열매를 맺지 못하리라 하시니 무화과나무가 곧 마른지라

무화과나무는 우리들 자신을 말합니다.
잎사귀 밖에 없다는 것은 겉으로만 열심히 나타내면서 무엇인가를 이루려고 자신의 생각대로 행하였다는 말입니다.
무화과나무가 말랐다는 것은 죽은 자라는 말입니다. 영이 죽은 자를 말합니다.

다시 본문을 보시면
포도나무는 꽃을 피워 향기를 토하는구나 : 포도나무는 예수 그리스도를 나타내며 또한 그리스도의 포도원에 우리들이 있어야 되는 것입니다.

(요 15:5)
나는 포도나무요 너희는 가지라 그가 내 안에, 내가 그 안에 거하면 사람이 열매를 많이 맺나니 나를 떠나서는 너희가 아무 것도 할 수 없음이라

꽃은 가지에 피는 것입니다. 예수와 함께하니 꽃이 피는 것입니다.

'예수가 내 안에 내가 예수 안에'란 예수 그리스도의 가르침을 따르는 것을 말합니다.

(마 16:24) 이에 **예수께서 제자들에게 이르시되 누구든지 나를 따라오려거든 자기를 부인하고 자기 십자가를 지고 나를 따를 것이니라**

다시 본문을 보시면

어여쁜 자야 : 하나님께 속한 곧 하나님의 뜻을 이루고자 하는 자야.

14. 바위 틈 낭떠러지 은밀한 곳에 있는 나의 비둘기야 내가 네 얼굴을 보게 하라 네 소리를 듣게 하라 네 소리는 부드럽고 네 얼굴은 아름답구나

'바위 틈'이란 '말씀 안에'라는 뜻입니다.

'낭떠러지'라는 것은 끝에 내몰린 것을 뜻합니다.

세상 것을 완전히 등을 진 상태를 말합니다.

은밀한 곳에 있다는 것은 숨겨져 있다는 것이며 하나님의 말씀은 은밀한 곳에 곧 '감추었던 만나'를 말합니다.

하나님이 가려 놓으신 말씀을 지혜자가 보았다는 뜻입니다.

비둘기 : 성령을 말합니다. 구하는 자에게 주시는 것이 성령입니다. 곧 지혜입니다.

(계 2:17)

귀 있는 자는 성령이 교회들에게 하시는 말씀을 들을지어다 이기는 그에게는 내가 감추었던 만나를 주고 또 흰 돌을 줄 터인데 그 돌 위에 새 이름을 기록한 것이 있나니 받는 자 밖에는 그 이름을 알 사람이 없느니라

귀 있는 자 : 하나님을 의지하는 자, 지혜를 구하는 자

이 말씀이 자신에게 주는 말씀이라고 생각하지 않는 자는 들을 수가 없는 것입니다.

책망의 말씀을 깨달아 그릇된 말들과 이론과 그 말과 이론을 지어낸 자들을 너희 마음속에서 지우는 것이 이기는 것입니다.

성령의 법으로 자신 속의 세상을 향한 마음을 버리는 것이 이기는 것입니다.

이기는 그에게는 내가 감추었던 끊이지 않는 생명수와 같은 말씀인 만나를 주고 또 너를 깨끗하게 하여 나와 같이 흰 돌이 되게 할 것인데 그 돌 위에 새 이름을 기록한 것이 있다고 합니다.

그 돌 위에 새 이름을 기록 : 이기고 자기를 부인하고 말씀을 따른다면 예수께서 함께하는 것을 확인시켜 줄 것이라 하십니다.

그 이름을 알 사람이 없느니라 : 그러나 그것은 받은 자만 알 수 있다고 합니다.

각 개인이 이 말씀이 진리임을 믿는다면 반드시 확인하게 됩니다.

예수께서 함께하심을.

예수와 함께하지 않는 자를 성경에서 살펴보면

(욥기 39장)

27. 독수리가 공중에 떠서 높은 곳에 보금자리를 만드는 것이 어찌 네 명령을 따름이냐

28. 그것이 낭떠러지에 집을 지으며 뾰족한 바위 끝이나 험준한 데 살며

29. 거기서 먹이를 살피나니 그 눈이 멀리 봄이며

30. 그 새끼들도 피를 빠나니 시체가 있는 곳에는 독수리가 있느니라

성령과 달리 바위틈이 아닌 높은 바위 위에 집을 짓는 독수리는 사람들의 피를 빠는 사단입니다.

모든 적그리스도는 겉으로 드러나 있으며 그들은 높은 곳에 자리하고 있습니다.

독수리와 비둘기는 사람이 보기에는 둘 다 공중 나는 새처럼 보입니다.

그러나 독수리는 구분이 쉽습니다.

그들은 사람 앞에 높아져 있기 때문입니다.

15. 우리를 위하여 여우 곧 포도원을 허는 작은 여우를 잡으라 우리의 포도원에 꽃이 피었음이라

우리를 위하여 : 구원을 받으려면

(사 5장)

3. 예루살렘 주민과 유다 사람들아 구하노니 이제 나와 내 포도원 사이에서 사리를 판단하라

4. 내가 내 포도원을 위하여 행한 것 외에 무엇을 더할 것이 있으랴 내

가 좋은 포도 맺기를 기다렸거늘 들포도를 맺음은 어찌 됨인고

5. 이제 내가 내 포도원에 어떻게 행할지를 너희에게 이르리라 내가 그 울타리를 걷어 먹힘을 당하게 하며 그 담을 헐어 짓밟히게 할 것이요

6. 내가 그것을 황폐하게 하리니 다시는 가지를 자름이나 북을 돋우지 못하여 찔레와 가시가 날 것이며 내가 또 구름에게 명하여 그 위에 비를 내리지 못하게 하리라 하셨으니

7. 무릇 만군의 여호와의 포도원은 이스라엘 족속이요 그가 기뻐하시는 나무는 유다 사람이라 그들에게 정의를 바라셨더니 도리어 포학이요 그들에게 공의를 바라셨더니 도리어 부르짖음이었도다

이스라엘 포도원은 무너졌고 예수님의 포도원은 예수님 앞에 놓여 있으나 독수리 같은 거짓 증인들에 의해 헐리고 있는 중입니다.

이제 다시 꽃이 피었으므로 담을 허는 거짓 증인들을 막으셔서 우리가 열매를 맺을 수 있게 해달라는 말입니다.

다시 본문을 보시면

여우 : 거짓 증인을 의미하며 하나님의 말씀을 말하는 것 같으나 세상에 속한 말을 하는 자를 말합니다.

(시 10:8)

그가 마을 구석진 곳에 앉으며 그 은밀한 곳에서 무죄한 자를 죽이며 그의 눈은 가련한 자를 엿보나이다

마을 구석진 곳이라는 말은 잠복 혹은 매복을 뜻합니다.

그러므로 마을 구석진 곳에서 사람의 왕래가 잦은 곳을 보면서 숨어 있는 곳이 됩니다.

앉아 있는 것은 판단하려는 것입니다.

사람들이 많이 왕래하는 곳에 그들은 은밀히 숨어 있습니다.

겉으로는 악이 아닌 선으로 위장을 하고 있다는 말입니다.

그러나 그들은 선이 무엇인지 악이 무엇인지 모르므로 그들 자신에게도 자신이 은밀히 자기가 판 함정에 자기가 들어가 있음을 인지하지 못하는 것입니다.

즉, 무죄한 자를 죽이는 것입니다. 무죄한 자는 예수 그리스도뿐입니다.

곧 하나님 말씀을 따르지 않음을 말하는 것이며 예수를 영접한 자를 죽이고자 하는 것입니다.

그의 눈은 가련한 자를 엿보나이다 : 그는 마음으로 가련한 자 곧 세상 것을 마음에 두지 않고 하나님을 의지하려는 자를 하나님을 의지하지 못하게 하려고 엿본다고 합니다.

(잠 1:11)

그들이 네게 말하기를 우리와 함께 가자 우리가 가만히 엎드렸다가 사람의 피를 흘리자 죄 없는 자를 까닭 없이 숨어 기다리다가

우리와 함께 가자 : 악한 자인 꾀는 자가 자기들과 같이 세상 것인 높음과 채움을 얻자고 유혹하는 말입니다.

가만히 엎드렸다가 : 현실에 안주한 모습이 가만히 있는 것입니다.

구원의 길은 경주장에서 경기 중에 있는 것입니다.

엎드려 있는 것은 세상 것을 취하려고 기회를 엿보는 모습입니다.

사람의 피를 흘리자 : 영이 살고자 하는 자의 피인 희생을 헛된 곳에 흘리도록 유혹한다는 것입니다. 피는 하나님을 향해 흘려야 하는 것입니다.

(레 17:14)
모든 생물은 그 피가 생명과 일체라 그러므로 내가 이스라엘 자손에게 이르기를 너희는 어떤 육체의 피든지 먹지 말라 하였나니 모든 육체의 생명은 그것의 피인즉 그 피를 먹는 모든 자는 끊어지리라

피가 생명과 일체라 합니다.

피를 먹는 : 하나님을 향하여 흘려야 하는 피를 헛된 곳에 흘리는 것이 피를 먹는 것입니다.

(히 9:22)
율법을 따라 거의 모든 물건이 피로써 정결하게 되나니 피흘림이 없은즉 사함이 없느니라

피를 흘린다는 것은 자기 십자가 지고 자기 부인하는 것입니다.
하나님을 향하여 피 흘리는 삶이 되어야 하는데 헛된 것인 세상 것을 추구하는 데 희생과 마음을 쓰면 그 피를 먹는 것입니다.
피를 먹는 자는 죽는 길로 가는 것입니다.

다시 잠언을 보시면

죄 없는 자 : 자기 생각대로 행하지 않고 하나님을 향한 자

까닭 없이 : 하나님을 향한 자로서는 까닭 없이 미혹하는 것으로 보입니다.

(욥 1:9)
사탄이 여호와께 대답하여 이르되 욥이 어찌 까닭 없이 하나님을 경외하리이까

욥이 하나님을 경외하는 것이 이유가 있다. 즉, 욥이 하나님을 경외하는 것은 구원을 받기 위함이 아니라 자신이 가진 것을 빼앗기지 않기 위함이라고 사탄은 말합니다.

우리들은 구원을 받기 위하여 하나님을 경외하는 것입니다.

(잠 9:10)

여호와를 경외하는 것이 지혜의 근본이요 거룩하신 자를 아는 것이 명철이니라

지혜를 받았으면 따르는 것이 하나님을 경외하는 것이며 지혜를 따름으로 받게 되는 은혜와 사랑으로 하나님을 아는 지식을 얻게 되며 이 지식이 세상의 미혹과 죄의 유혹을 분별할 수 있는 명철을 받는 것입니다.

(창 3:14)

여호와 하나님이 뱀에게 이르시되 네가 이렇게 하였으니 네가 모든 가축과 들의 모든 짐승보다 더욱 저주를 받아 배로 다니고 살아 있는 동안 흙을 먹을지니라

그러나 뱀은 흙을 먹는다고 합니다.

우리들을 흙으로 돌아가게 하는 것이 흙을 먹는 것입니다.

다시 잠언을 보시면

숨어 기다리다가 : 하나님의 말씀을 전할 자로서 택함 받은 자를 죽는 길로 가도록 속이려고 하는 것을 말합니다.

16. 내 사랑하는 자는 내게 속하였고 나는 그에게 속하였도다 그가 백합화 가운데에서 양 떼를 먹이는구나

(요일 4장)

11. 사랑하는 자들아 하나님이 이같이 우리를 사랑하셨은즉 우리도 서로 사랑하는 것이 마땅하도다

그러므로 하나님이 우리를 사랑하시어 예수 그리스도로 말미암아 구원을 받을 수 있도록 하셨으니 우리들 또한 하나님의 말씀에 순종하는 것이 하나님을 사랑하는 것이며 하나님의 사랑을 입는 것입니다.

하나님의 사랑을 입은 자가 되면 우리들 또한 형제, 이웃, 원수를 사랑할 수 있는 것입니다.

12. 어느 때나 하나님을 본 사람이 없으되 만일 우리가 서로 사랑하면 하나님이 우리 안에 거하시고 그의 사랑이 우리 안에 온전히 이루어지느니라

어느 때나 하나님을 본 사람은 없습니다.

그러나 만일 우리가 서로 그리스도 안에서 사랑하면 하나님이 우리 안에 거하시고 하나님의 사랑이 우리 안에 거하시며 우리를 온전하게 하실 것입니다.

그러므로 서로 사랑하라는 말씀은 하나님의 말씀을 구하여 받아서 자신의 생각을 돌이키게 곧 깨달아 하나님을 향하여 모이게 하라는 의미가 되는 것입니다.

영육이 연합하는 것이 온전하게 되는 것이며 자신이 하나님을 향한 온 마음이 되는 것입니다.

13. 그의 성령을 우리에게 주시므로 우리가 그 안에 거하고 그가 우리 안에 거하시는 줄을 아느니라

그의 성령을 우리에게 주셔서 우리가 그 말씀 안에 거하면 그가 우리 안에 거하시는 것입니다.

우리가 늘 구하는 것은 지혜 곧 성령입니다.

(눅 11:13)

너희가 악할지라도 좋은 것을 자식에게 줄 줄 알거든 하물며 너희 하늘 아버지께서 구하는 자에게 성령을 주시지 않겠느냐 하시니라

다시 본문을 보시면

예수께서 사랑하는 지혜자는 예수께 속하였고 예수께서는 지혜자에게 임하였다.

지혜자가 예수님의 명령 가운데서 행했던 제자들의 자취 사이에서 양 떼를 먹이는구나.

백합화는 솔로몬의 성전 장식 때 바닷가에 장식된 꽃으로 예수님과 제자들을 뜻합니다.

백합화 가운데 : 예수 그리스도를 따르는 것을 말합니다.

(왕상 7:26)

바다의 두께는 한 손 너비만 하고 그것의 가는 백합화의 양식으로 잔 가와 같이 만들었으니 그 바다에는 이천 밧을 담겠더라

예수께서는 바닷가에 계시는 것입니다.

제자 또한 예수를 따르는 자이니 바닷가에 있는 것입니다.

바다는 세상의 모든 말들이 있는 세상을 의미합니다.

바닷가에 있는 것은 세상의 모든 말에 마음을 두지 않는 것 곧 세상에 마음을 두지 않는 것을 말합니다.

바닷가에 있는 자가 열매를 맺을 수 있는 꽃이 되는 것이기에 백합화라 표현하는 것입니다.

한 손 너비 : 깨달은 지혜만큼 바다에 마음을 두지 않게 되는 것입니다.

다시 본문을 보시면

양 떼를 먹이는구나 : 구하여 받은 지혜로 하나님을 향한 온 마음이 되는 것입니다.

17. 내 사랑하는 자야 날이 저물고 그림자가 사라지기 전에 돌아와서 베데르 산의 노루와 어린 사슴 같을지라

내 사랑하는 자인 지혜자야

날이 저물고 : 깨닫지 못하여 죽는 길로 가서 멸절되는 때가 오고

그림자가 사라지기 전에 : 따르던 이전 공의가 그림자였음을 깨달으라는 말입니다.

(골 2:17)
이것들은 장래 일의 그림자이나 몸은 그리스도의 것이니라

이것들은 다 그림자라는 것입니다.

율법을 행위로 지키면서 자신이 무엇인가를 이루려고 하는 모든 것을 말합니다.
무엇을 보여주기 위한 그림자인가 하면 실체가 되시는 예수 그리스도를 보여주기 위한 그림자라는 것입니다.

그래서 바울 사도는
(갈 3:24)
이같이 율법이 우리를 그리스도께로 인도하는 초등교사가 되어 우리로 하여금 믿음으로 말미암아 의롭다 함을 얻게 하려 함이라
율법은 우리를 그리스도께로 인도하는 곧 깨닫게 하는 초등교사라고 합니다.
그런데 문제는 내가 확실하게 실체라고 여기며 붙들 수 있는 것을 그림자라고 말하고 내가 확실하게 붙들 수 없는 믿음의 영역을 실체라고 하는 것입니다.
실체가 오기 전까지는 그림자의 안내를 받지만 그러나 실체가 오면 이제 더 이상 그림자를 붙들지 말라는 것입니다.
실체 되신 예수 그리스도께서 이미 우리 가운데 오셨습니다.
이제 우리는 더 이상 그림자를 붙들 필요가 없는 것입니다.
그러므로 **(갈 3:25) 믿음이 온 후로는 우리가 초등교사 아래 있지 아니하도다** 라고 했습니다.
이제는 성령의 법 아래에 있는 것입니다.

다시 (골 2:17)을 보시면
몸은 그리스도의 것 : 영과 육이 연합된 몸은 그리스도의 것이라 합니다.

다시 본문을 보시면

베데르 : '베트 하르', 산의 집, 갈라진 틈이 많은 바위

성경 곧 율법에서 그리스도의 비밀을 찾는 것을 말합니다.

(요 5:39)

너희가 성경에서 영생을 얻는 줄 생각하고 성경을 연구하거니와 이 성경이 곧 내게 대하여 증언하는 것이니라

성경을 연구하여 자신의 생각대로 행하여 영생을 얻으려 하지 말고 예수 그리스도의 비밀 곧 가르침을 깨달아 따르면 영생을 얻을 것이라는 말입니다.

다시 본문을 보시면

노루와 어린 사슴 같을지라 : 세상에 마음을 빼앗기기 쉬운 연약한 노루와 어린 사슴과 같이 순전함으로 하나님을 의지하라.

3장

1. 내가 밤에 침상에서 마음으로 사랑하는 자를 찾았노라 찾아도 찾아내지 못하였노라

예수께서 이 땅에 오신 이유는 죄인을 부르러 오셨습니다.

자신이 죄인임을 깨달은 자가 예수를 영접한 자입니다.

자신이 세상에 속한 자이며 세상은 밤이니 늘 침상에 있는 자임을 깨달은 자를 예수께서 찾는 것입니다.

그러나 자신은 하나님의 선민이라고 하면서 율법을 자신의 생각대로 행위로만 지키고 있으면서 잘하고 있다고 생각하기에 예수를 영접하지 않는 것입니다.

(눅 5:32)
내가 의인을 부르러 온 것이 아니요 죄인을 불러 회개시키러 왔노라

2. 이에 내가 일어나서 성 안을 돌아다니며 마음에 사랑하는 자를 거리에서나 큰 길에서나 찾으리라 하고 찾으나 만나지 못하였노라

성 안을 돌아다니며 : 율법을 행위로 지키면서 쌓은 심령을 돌아다니며

자신이 죽는 길로 가고 있음을 깨달아 하나님을 의지하고자 하는

마음으로 하나님을 따르고자 하는 사랑하는 자를 예수께서 찾으러 다니셨다고 하십니다.

거리에서 : 우리들이 가는 길에서

우리들이 가는 길은 구원을 받는 길을 가야 하는 것입니다.

(사 55:8)
이는 내 생각이 너희의 생각과 다르며 내 길은 너희의 길과 다름이니라 여호와의 말씀이니라

자신의 생각대로 가는 길은 하나님의 생각과 다른 길이므로 죽는 길로 가는 것입니다.

다시 본문을 보시면

큰 길에서 : 시내산의 율법을 행위로 지키는 길에서

(사 7:3)
그 때에 여호와께서 이사야에게 이르시되 너와 네 아들 스알야숩은 윗못 수도 끝 세탁자의 밭 큰 길에 나가서 아하스를 만나

이 공의 세대에서 남겨진 너와 네가 낳은 자를 데리고 윗 못 수도 끝 세탁자의 밭 큰 길에 나가서 이 공의 세대가 그나마 유지되게 하고 있는 자인 아하스를 만나

스알야숩 : '남은 자가 돌아오리라'

윗못 수도 끝 : 율법을 행위로 지키면서 하나님의 선민이라고 나타내고 있었으나 멸절될 상태를 말합니다.

끝은 경계를 말합니다.

세탁자의 밭 큰 길 : 자신의 그릇됨을 씻어 곧 마음으로 죄를 자복하는 것이 구원으로 가는 길이라는 말입니다.

즉, 이 공의 세대의 끝자락에서 윗 못의 멸절을 알리며 회개할 것을 외치던 자가 그 마음으로 행하며 구원의 대로로 가라는 말입니다.

(잠 1장)

20. 지혜가 길거리에서 부르며 광장에서 소리를 높이며

길거리는 우리들이 가는 길을 말합니다.

또한 길거리는 많은 사람이 가는 길을 말합니다.

지혜가 부른다는 것은 우리들이 그릇된 길을 가기에 부르는 것입니다.

우리들이 가는 길이 나그넷길인 것을 아는 자들에게 말씀이 들려지는 것입니다.

광장이란 사람들이 모이는 곳입니다. 각자 자신이 가는 길이 맞다 성토합니다.

광장에서 지혜가 소리를 높이며 깨달으라고 합니다.

(계 11:2)

성전 바깥 마당은 측량하지 말고 그냥 두라 이것은 이방인에게 주었은즉 그들이 거룩한 성을 마흔두 달 동안 짓밟으리라

성전 바깥 마당 : 하나님의 구원의 법인 성령의 법으로 지어진 성전이 아닌 바깥 곧 율법을 행위로만 지키면서 따르고 있는 자들이 있

는 곳.
이들은 하나님이 보시기에 모두 이방인입니다.
율법을 행위로 지키라고 말하는 것은 성문을 두드리지 않았기 때문이며 자신은 하나님의 선민이요 거룩한 자라고 합니다.
말씀을 깨달으라 하였음에도 불구하고 구하지 않고 자기의 머리로만 말씀을 보고 행했기 때문에 바깥 마당에 있는 것입니다.

다시 잠언 1장을 보시면

21. 시끄러운 길목에서 소리를 지르며 성문 어귀와 성중에서 그 소리를 발하여 이르되

시끄러운 길목 : 자신의 생각과 주장을 내세우는 곳, 하나님의 선민임을 주장하는 곳, 또한 자신이 죽는 길로 가고 있음을 깨달았을 때를 말합니다.
성경은 곳곳에서 우리를 부릅니다.

(요 5:39)
너희가 성경에서 영생을 얻는 줄 생각하고 성경을 연구하거니와 이 성경이 곧 내게 대하여 증언하는 것이니라

모두에게 성경은 열려있습니다. 지혜가 부르고 있습니다.
예수를 발견해야 사는 것입니다. 즉, 자신이 죄인임을 인정해야 하는 것입니다.

다시 잠언 1장을 보시면

성문 어귀 : 성경에서 성령의 법으로 들어갈 수 있는 방법은 예수를 발견하여 영접하는 것입니다.

(요 10:9)
내가 문이니 누구든지 나로 말미암아 들어가면 구원을 받고 또는 들어가며 나오며 꼴을 얻으리라

예수로 말미암아 들어가면(좁은 문) 구원을 받을 수 있는 것이고 영을 살릴 수 있는 양식(꼴, 성령의 법)을 받을 수 있는 것입니다.

다시 잠언 1장을 보시면

성중 : 하나님의 전에 있는 성령의 법 안에

자신의 심령이 하나님의 전이 되어야 합니다.

3. 성 안을 순찰하는 자들을 만나서 묻기를 내 마음으로 사랑하는 자를 너희가 보았느냐 하고

순찰하는 자 : 율법 지킴이 곧 율법사를 말하며 선민이라고 나타내는 자를 말합니다.

(단 4:13)
내가 침상에서 머리 속으로 받은 환상 가운데에 또 본즉 한 순찰자, 한 거룩한 자가 하늘에서 내려왔는데

다니엘서에서 순찰자는 거룩한 자라고 하며 곧 새로운 공의인 성령의 법을 말합니다.

그래서 하나님의 구원의 법이 펼쳐져 있는 하늘에서 내려왔다고 하십니다.

다시 본문을 보시면

내 마음으로 사랑하는 자 : 행위로 나타내려고 하지 않고 하나님을 의지하는 순전한 마음을 가진 자

너희가 보았느냐 : 너희는 죽는 길로 가고 있음을 깨닫지 못하느냐

4. 그들을 지나치자마자 마음에 사랑하는 자를 만나서 그를 붙잡고 내 어머니 집으로, 나를 잉태한 이의 방으로 가기까지 놓지 아니하였노라

그들 : 성 안을 순찰하는 자들

지나치자마자 : 율법을 행위로만 지키는 자는 예수를 영접하지 않는 것입니다.

죄를 자복하는 자 곧 구하는 자에게 말씀은 임하는 것입니다.

마음에 사랑하는 자를 만나서 : 행위로 거룩한 척하지 않고 마음으로 자신이 죄인임을 깨달아 하나님을 의지하는 자를 예수께서는 사랑하시는 것입니다.

(요 14:21)
나의 계명을 지키는 자라야 나를 사랑하는 자니 나를 사랑하는 자는 내 아버지께 사랑을 받을 것이요 나도 그를 사랑하여 그에게 나를 나타내리라

다시 본문을 보시면

그를 붙잡고 하나님 앞으로, 예수님을 잉태한 성령에게로 가기까지 놓지 않고 함께하였노라

(요일 3:24)
그의 계명을 지키는 자는 주 안에 거하고 주는 그의 안에 거하시나니 우리에게 주신 성령으로 말미암아 그가 우리 안에 거하시는 줄을 우리가 아느니라

그의 계명을 지키는 자가 주 안에 거하는 것이고 주께서 그의 안에서 떠나지 않고 언제나 계시는 것입니다.

그리스도께서 우리 안에 거하시는 줄을 우리가 아는 것은 우리에게 주신 성령의 가르치심으로 인한 것입니다.

언제나 성령의 법 안에 거하도록 해야 하는 것입니다.

5. 예루살렘 딸들아 내가 노루와 들사슴을 두고 너희에게 부탁한다 사랑하는 자가 원하기 전에는 흔들지 말고 깨우지 말지니라

(아 2:7절)과 같습니다. 반복하시는 이유는 깨달으라는 말입니다.

예루살렘 딸들아 : 마음으로 하나님의 말씀을 따르고자 하여 하나님을 향할 자를 낳을 자들아

노루와 들 사슴 : 여리고 순한 곧 세상에 마음을 빼앗기기 쉬운 연약한 상태인 우리들을 말하고 있습니다.

너희에게 부탁한다 : 노루와 들 사슴과 같은 연약한 상태인 자들에게 하나님의 말씀을 전하여 하나님을 향하도록 하라.

깨우지 말라는 것은 노루와 사슴이 자고 있다는 것인데 잔다는 것은 야곱이 날이 새도록 천사와 언약을 받기 위해 싸우는 것과 동일한 과정입니다.

그런데 내 사랑이 원하기 전에는 흔들지 말고 깨우지 말라 하십니다.
말씀을 전하는 자가 전한 말씀은 받는 자가 원하느냐에 따라서 임하는 것입니다.
구하는 자에게 곧 갈급함이 있는 자가 말씀을 깨닫게 되는 것입니다.
결국 '사랑이 원하기 전에'라는 말은 하나님을 향한 길을 가는 중에 연단을 통하여 하나님을 의지해야 구원을 받을 수 있음을 깨달았을 때까지를 말합니다.

(마 10:6)
오히려 이스라엘 집의 잃어버린 양에게로 가라

잃어버린 양은 여기서도 저기서도 빛을 보지 못함으로 빛을 찾아 헤매는 자이며 하나님을 향하고자 하는 자입니다.
빛을 찾는 자에게 말씀을 깨닫게 하시는 것입니다.

(마 10:13)
그 집이 이에 합당하면 너희 빈 평안이 거기 임할 것이요 만일 합당하지 아니하면 그 평안이 너희에게 돌아올 것이니라

하나님의 말씀을 구하는 자가 합당한 자이며 말씀을 전하는 자는 받는 자의 심령에 평안을 주는 말씀을 전해야 하며 말씀을 간구하는 자가 합당한 자가 되어 말씀을 받아 깨닫게 되는 것입니다.
그러므로 말씀을 전하는 자는 받는 자가 말씀을 받든지 받지 않든지 하는 반응을 마음에 두지 말라 하십니다.
말씀을 깨닫게 하시는 이는 성령이십니다.

즉, 흔들지 말고 깨우지 말라 하십니다.

(마 10:14)
누구든지 너희를 영접하지도 아니하고 너희 말을 듣지도 아니하거든 그 집이나 성에서 나가 너희 발의 먼지를 떨어 버리라

발의 먼지를 떨어 버리라 : '흔들지 말고'와 같은 의미로 자신의 생각대로 마음을 쓰지 말라는 뜻입니다.

흔든다는 것을 욥기에 말씀하는 '매달려 흔들리느니라' 즉, 흔들어 죄 사함을 받는 요제를 뜻하는데 택함을 받은 자가 원하기 전에 곧 연단을 이겨내기까지 두라는 것입니다.

(욥 28:4)
그는 사람이 사는 곳에서 멀리 떠나 갱도를 깊이 뚫고 발길이 닿지 않는 곳 사람이 없는 곳에 매달려 흔들리느니라

다시 본문을 보시면

시편에 '그의 사랑하시는 자에게는 잠을 주시는도다'라고 하는 말씀이 본 절에서 말씀하시는 깨우지 말라는 말씀은 자고 있다는 것이며 시편의 '잠'입니다.

(시 127:2)
너희가 일찍이 일어나고 늦게 누우며 수고의 떡을 먹음이 헛되도다 그러므로 여호와께서 그의 사랑하시는 자에게는 잠을 주시는도다

(잠 3:24)
네가 누울 때에 두려워하지 아니하겠고 네가 누운즉 네 잠이 달리로다

지혜를 구하여 받았으면 자신의 심령에 전하여 행하게 해야 합니다. 받은 지혜를 전하는 곳이 세상에 마음을 빼앗겨 있고, 빼앗기기 쉬운 상태인 자신의 심령에 전하는 때가 '누울 때'입니다.
세상은 '밤'으로 표현하기에 세상에 속한 상태는 침상에 있는 것이며 누워있는 것으로 표현합니다.
세상에 속한 또는 속하려는 생각을 지우는데 두려워하지 않는다는 말입니다.

'누운즉 잠이 달리라'는 것은 세상인 심령에 말씀을 전하며 행하게 함으로 마음에 안식이 있게 되는 것이며 세상에 있어도 마음에는 괴로움이 없을 것이라는 표현입니다.

아가서 6절부터 11절까지는 선택을 받은 우리들에게 성령의 법의 모양을 미리 설명한 내용입니다.

6. 몰약과 유향과 상인의 여러 가지 향품으로 향내 풍기며 연기 기둥처럼 거친 들에서 오는 자가 누구인가

몰약과 유향 : 예수께서 완성하신 성령의 법이 우리들에게 임하여 행하게 하는 것을 말합니다.

(마 2:11)
집에 들어가 아기와 그의 어머니 마리아가 함께 있는 것을 보고 엎드려 아기께 경배하고 보배합을 열어 황금과 유향과 몰약을 예물로 드리니라

황금이란 '열매', 즉 하나님의 뜻을 이루어 열매를 맺음을 말합니다.
몰약이란 썩게 하여 쓰는 향품으로 십자가에 달린 것을 말하며 죽음으로 하나님의 뜻을 이룸을 말합니다.
유향이란 나무를 상처 내서 얻은 액체이며 향품입니다.
치료와 회복함을 말합니다.
그래서 예수께서
(마 5:17) 내가 율법이나 선지자를 폐하러 온 줄로 생각하지 말라 폐하러 온 것이 아니요 완전하게 하려 함이라 라고 하신 것입니다.

예물은 예수께서 무엇을 하러 오셨는가를 나타내는 것입니다.
예물은 나 자신을 예수께 드리는 것이며 드린다는 것은 구하는 것입니다.
예수께서 받은 예물은 우리들에게 예물의 역할을 하는 것입니다.
그러므로 우리들 자신이 예물이 되어야 합니다.

다시 본문을 보시면
향품으로 향내 풍기며 : 말씀으로 자신의 생각을 죽이는 것이 향을 내는 것입니다.
'연기 기둥처럼'이란 악을 말씀으로 태우면 나오는 흔적입니다.

(욜 2:30)
내가 이적을 하늘과 땅에 베풀리니 곧 피와 불과 연기 기둥이라
이적이란 생각지도 못한 현상이 일어남을 말합니다.

하늘에는 구원의 법이 펼쳐질 것을 말하며 땅인 우리들의 심령에는 말씀으로 인한 어떠한 일이 일어난다는 말입니다.

피 : 말씀으로 인하여 자신의 생각을 죽이는 것이 피를 흘리는 것입니다.

불 : 심령에 불을 던지러 오셨다고 하십니다.

불은 말씀을 의미하며 '불'이란 멸절과 정결을 의미합니다.

말씀을 받으면 자신의 생각들을 불로 태우기에 심령이 정결해지는 것이며 말씀을 받지 않으면 죽는 길로 가는 것 곧 멸절을 당하게 되는 것입니다.

(눅 12:49)
내가 불을 땅에 던지러 왔노니 이 불이 이미 붙었으면 내가 무엇을 원하리요

다시 본문을 보시면

연기 기둥 : 말씀으로 자신의 생각을 태울 때 나오는 것이 연기입니다.

즉, 말씀을 받아서 행함으로 나타나는 증거를 말합니다.

거친 들에서 오는 자는 그리스도 예수 안에 있는 성령의 법을 말하는 것입니다.

또한 성령의 법을 따르는 자를 말합니다.

(롬 8:2)
이는 그리스도 예수 안에 있는 생명의 성령의 법이 죄와 사망의 법에서 너를 해방하였음이라

7. 볼지어다 솔로몬의 가마라 이스라엘 용사 중 육십 명이 둘러쌌는데

볼지어다 : 깨닫기를 바란다.

솔로몬의 가마 : 솔로몬의 마차, 솔로몬의 연

우리들 자신도 하나님께 구하여 받은 지혜를 받은 자가 되면 가마, 마차, 연을 타고 가는 것입니다.

(잠 3:18)
지혜는 그 얻은 자에게 생명 나무라 지혜를 가진 자는 복되도다

하나님께 구하여 받은 지혜를 따르는 것이 자신이 영이 살아 있는 생명나무가 되는 것입니다.

지혜를 받아 행하는 자는 자신의 심령을 정결하게 되는 복을 받는 것입니다.

(계 22:14)
자기 두루마기를 빠는 자들은 복이 있으니 이는 그들이 생명나무에 나아가며 문들을 통하여 성에 들어갈 권세를 받으려 함이로다

'자기 두루마기'란 하나님의 말씀이라고 생각하여 자신이 따름으로 나타나는 모습인 옷 곧 성경을 말합니다.

말씀을 자신의 생각으로 제하고 또한 자신의 생각을 더하여 만든 이론을 말합니다.

'두루마기를 빠는'이라는 말은 하나님께 구하여 받은 지혜로 옷을 입는다는 말입니다.

다시 본문을 보시면

이스라엘 용사 중 육십 인이 둘러쌌는데 : '용사'란 세상 것에 마음을 빼앗기지 않게 하는 지혜를 가진 자를 말하며 '육십'이란 하나님의 계획에 의하여 자신이 부정함을 깨달았다는 것이며 즉, 자신의 부정함을 깨달아서 하나님을 의지하여 받은 지혜를 가진 자가 '용사 중 육십'이라는 말입니다.

둘러쌌다는 것은 가마를 둘러쌌다는 것이며 옹위한다는 말입니다.

옹위하다는 말은 '몰려오다'라는 말입니다

(눅 5:1)

무리가 몰려와서 하나님의 말씀을 들을새 예수는 게네사렛 호숫가에 서서

그러므로 가마를 용사가 둘러쌌다는 것은 지혜(성령의 법)를 구하는 것이며 지혜(성령의 법)를 구해야 하는 이유를 깨달은 자가 용사인 것입니다.

용사들은 불 칼을 차고 있으며 그 칼이 바로 생명나무를 보호하는 칼입니다.

성경에서 감추었던 만나를 자신이 보게 되면 성령의 법으로 가는 길을 보게 되는 것입니다.

(창 3:24)

이같이 하나님이 그 사람을 쫓아내시고 에덴 동산 동쪽에 그룹들과 두루 도는 불 칼을 두어 생명 나무의 길을 지키게 하시니라

길을 지키게 : 하나님을 향한 길을 갈 수 있도록 늘 하나님의 지혜를

구하여 받은 용사가 되어야 하는 것입니다.
그래서 이사야서에서 여호와의 날에 일어나는 변화를 다음과 같이 말합니다.
여호와의 날이란 멸절과 심판의 날을 말하며 곧 시작을 의미하며 성령의 법이 선포되는 날을 말합니다.

(사 19:19)
그 날에 애굽 땅 중앙에는 여호와를 위하여 제단이 있겠고 그 변경에는 여호와를 위하여 기둥이 있을 것이요

그날 : 자신이 죽는 길로 가고 있었음을 깨달았을 때
애굽 땅 중앙 : 자신의 마음은 늘 세상에 속해 있고 속하려 하기에 자신의 심령은 세상에 마음을 빼앗기고 있고 빼앗기기 쉬운 연약한 상태이므로 애굽인 것입니다.
자신이 죽는 길로 가고 있음을 깨달았을 때 하나님을 의지하여 지혜를 구하는 제단이 생기는 것입니다.
제단이 있는 것이 자기 부인하는 마음이 있는 것이며 변경에 기둥은 자기 십자가 지는 것을 의미합니다.
'변경에 있는 기둥'이 솔로몬 가마를 둘러싼 육십 인의 용사입니다.
'하나님을 위하여'란 하나님의 영광을 위하여 곧 자신이 정결해져서 구원에 이르는 것이 하나님을 위하여가 되는 것입니다.
자신의 마음에 우상을 섬기는 제단은 헐어버려야 하는 것입니다.

8. 다 칼을 잡고 싸움에 익숙한 사람들이라 밤의 두려움으로 말미암아 각기 허리에 칼을 찼느니라

용사가 누구인지를 말하고 있습니다.

칼을 잡고 : 구하여 받은 말씀이 칼이 되는 것입니다.

칼로 자신이 세상에 속하려는, 속한 생각들을 죽여야 하는 것입니다.

'싸움에 익숙한'이란 싸움은 다툼과 분쟁을 의미하며 말씀을 받았을 때 자신의 심령에서 말씀과 자신의 생각들과의 다툼과 분쟁 곧 싸움을 하게 되는 것입니다.

(마 10장)

34. 내가 세상에 화평을 주러 온 줄로 생각하지 말라 화평이 아니요 검을 주러 왔노라

35. 내가 온 것은 사람이 그 아버지와, 딸이 어머니와, 며느리가 시어머니와 불화하게 하려 함이니

36. 사람의 원수가 자기 집안 식구리라

(눅 12장)

51. 내가 세상에 화평을 주려고 온 줄로 아느냐 내가 너희에게 이르노니 아니라 도리어 분쟁하게 하려 함이로라

53. 아버지가 아들과, 아들이 아버지와, 어머니가 딸과, 딸이 어머니와, 시어머니가 며느리와, 며느리가 시어머니와 분쟁하리라 하시니라

마태복음에서는 예수께서 화평을 주러 오신 것이 아니라 검 곧 말씀으로 자신의 생각들을 죽이라고 오셨다고 합니다.

누가복음에서는 화평을 주러 오신 것이 아니라 분쟁을 하게 하려고 오셨다고 합니다.
마태복음에서는 아버지, 어머니, 시어머니와 사람, 딸, 며느리가 불화하게 하려 함이라고 하십니다.
즉, 예수를 영접하기 전의 자신을 낳아준 부모, 시어머니 곧 율법을 행위로 지키던 이전공의와 예수를 곧 말씀을 깨달아서 영이 살고자 하는 사람과 말씀을 깨달아서 그리스도의 신부가 되어 하나님을 향할 자를 낳을 자인 딸과 빛을 찾아 헤매다가 예수를 영접하여 구원의 길을 가는 이방인이었던 며느리와 분쟁을 하는 것입니다.
누가복음에서는 사람 대신에 아들이라 말씀합니다.
말씀을 깨달아 아들이 되는 길을 가는 자를 말합니다.

분쟁을 하는 이유는 지금까지 하나님의 선민이라고 자칭하면서 거룩한 척 율법을 지키고 있었기에 예수를 받아들이면 자신이 그릇됨을 인정해야 하는데 그것이 어려운 것입니다.
또한 좁은 길 곧 고난의 길을 가는 것이 두려운 것입니다.
세상 것을 탐하고 추구하는 정욕에 의한 것입니다.
세상에 속해 있는 생각이 말씀을 배척하는 것이 싸움이며 다툼이며 분쟁인 것입니다.

하나님을 사랑하는 것은 하나님의 말씀을 따르는 것이며 하나님을 사랑하는 자는 하나님의 사랑을 입는 것입니다.
하나님의 사랑을 입은 자는 형제, 이웃, 원수를 사랑할 수 있게 되는 것입니다.

즉, 자신이 하나님을 향한 구원의 길을 가고자 한다는 것입니다.

형제, 원수란 자신의 생각들입니다.

하나님께 받은 지혜를 전하여 형제, 이웃을 하나님께 돌이키게 하라는 것입니다.

자기 생각을 죽이는 자기 부인의 길을 가는 것이기에 고난의 길이 되는 것입니다.

칼에 대한 말씀을 보시면

(출 32:27)

모세가 그들에게 이르되 이스라엘의 하나님 여호와께서 이렇게 말씀하시기를 너희는 각각 허리에 칼을 차고 진 이 문에서 저 문까지 왕래하며 각 사람이 그 형제를, 각 사람이 자기의 친구를, 각 사람이 자기의 이웃을 죽이라 하셨느니라

하나님 편에 있는 자 곧 레위 자손에게 말씀인 칼을 주어 형제, 친구, 이웃을 죽이라 합니다.

(출 32:29)

모세가 이르되 각 사람이 자기의 아들과 자기의 형제를 쳤으니 오늘 여호와께 헌신하게 되었느니라 그가 오늘 너희에게 복을 내리시리라

형제, 친구, 이웃을 죽인 것이 하나님께 헌신한 것이라 합니다.

9. 솔로몬 왕이 레바논 나무로 자기의 가마를 만들었는데

솔로몬이 만든 자기의 가마를 레바논 나무로 만들었다고 합니다.
레바논 나무란 성전을 짓는 데 쓰이는 나무이며 백향목을 말합니다.
우리들 자신이 백향목이 되어야 합니다.
성령의 법은 곧 하나님의 율법이며 율법이 있는 곳은 성전이며 그리스도의 몸은 성령의 법을 따르는 자 곧 영육이 연합된 자 곧 교회이며 그 교회의 머리는 그리스도입니다.
성령의 법이 있는 심령이 곧 성전입니다.
즉, 성령의 법을 따르는 자가 백향목이 되는 것이며 자기의 가마를 만들 수 있는 것입니다.

(계 21:22)
성 안에서 내가 성전을 보지 못하였으니 이는 주 하나님 곧 전능하신 이와 및 어린 양이 그 성전이심이라

(고전 3:16)
너희는 너희가 하나님의 성전인 것과 하나님의 성령이 너희 안에 계시는 것을 알지 못하느냐

(고전 6:19)
너희 몸은 너희가 하나님께로부터 받은 바 너희 가운데 계신 성령의 전인 줄을 알지 못하느냐 너희는 너희 자신의 것이 아니라

계시록에서는 어린 양 곧 예수 그리스도를 따르는 자의 심령이 하나님이 계신 성전이라 하며 고린도전서에서는 몸 곧 영육이 연합된 자의 심령이 하나님의 성전이라고 하십니다.

10. 그 기둥은 은이요 바닥은 금이요 자리는 자색 깔개라 그 안에는 예루살렘 딸들의 사랑이 엮어져 있구나

가마가 어떻게 만들어지는 것에 대한 말씀입니다.

기둥이 은(말씀)이라는 것은 성전의 두 기둥인 선택을 받은 자가 말씀을 통하여 낳아지는 것이며 바닥이 금(열매)이라는 것은 기둥을 세운 이유가 열매 곧 하나님의 뜻을 이루는 것을 얻기 위한 것이며 자리가 자색(하나님을 나타내는 색, 왕) 깔개라는 것은 말씀으로 모든 것을 판단한다는 것입니다.

(시편 12:6)

여호와의 말씀은 순결함이여 흙 도가니에 일곱 번 단련한 은 같도다

순결함이란 우리들 심령을 정결하게 한다는 것입니다

흙 도가니 : 우리들 심령을 말하며 마음이 세상에 빼앗기고 있는 상태를 말합니다.

하나님의 말씀은 우리들 심령을 단련하는 말씀이라는 것입니다.

'일곱 번'이란 우리들이 사는 동안에 반복한다는(단련) 것입니다.

(잠 10:20)

의인의 혀는 순은과 같거니와 악인의 마음은 가치가 적으니라

죄를 자복한 자 곧 하나님이 의인으로 칭함을 받은 자가 구체적으로 하는 말과 행함은 하나님 말씀으로 단련을 받아 정결함을 받게 하는 순은과 같다고 하십니다.

자신의 생각대로 행하는 악인은 정결함을 받지 못한다는 말입니다.

다시 본문을 보시면

예루살렘 딸들의 사랑이 엮어져 있구나 : 예루살렘 딸들의 사랑이 가마를 만들었다는 말입니다.

딸이란 하나님을 향할 자를 낳을 자를 말하며 말씀을 받아 행할 자를 말합니다.

예루살렘은 자신의 심령 중심을 말하며 하나님이 계신 전에서 하나님께 구하여 받은 지혜를 전하고 행하는 일을 하는 것이 자신의 가마를 만드는 것입니다.

사랑이란 말씀을 따르는 것이며 하나님을 사랑하는 것이며 하나님의 사랑을 입는 것이며 입은 사랑으로 자신의 생각들을 하나님께 돌이키도록 받은 지혜를 전하고 행하는 것이 '영이 영을 낳는 것'이며 사랑이 엮여져 가는 것입니다.

그리하여 가마가 만들어지는 것입니다.

엮여져 가는 것에 대한 말씀을 보시면

(엡 2:21)

그의 안에서 건물마다 서로 연결하여 주 안에서 성전이 되어 가고

그의 안에서 : 예수그리스도를 영접하였다는 것은 가르침을 따르겠다는 것이며 자기 십자가 지고 자기 부인하는 길을 가겠다는 것입니다.

건물마다 서로 연결하여 : 자신들의 생각들을 말씀을 깨달아 돌이키어 하나의 벽돌이 되어 하나씩 쌓아서(자기 부인) 자신의 심령이 하나님이 계신 성전이 되는 것입니다.

주 안에서 : 말씀을 따름으로, 성령의 인도함으로

성전이 되어 가고 : 자기 부인이 완전히 이루어지는 것

11. 시온의 딸들아 나와서 솔로몬 왕을 보라 혼인날 마음이 기쁠 때에 그의 어머니가 씌운 왕관이 그 머리에 있구나

시온의 딸들아 : 그리스도를 따르는 길로 가는 모든 사람을 말합니다.

솔로몬 왕 : 그리스도 예수 안에 있는 성령의 법을 마음으로 받은 모든 지혜자들이 솔로몬 왕입니다.

그래서 그리스도와 더불어 왕 노릇 한다고 하는 것입니다.

(계 20:6)
그리스도와 더불어 왕 노릇 하리라

뒤에는 솔로몬의 여성 형태인 술람미 여인으로도 묘사가 됩니다. 솔로몬이나 술람미로 각각 남자와 여자로 표현이 되는 이유는 만민 앞에 지혜자는 그리스도와 더불어 왕 노릇 하는 왕인 말씀을 전하는 남자가 되는 것이고 그리스도 이후에 성령으로 낳아진 곧 말씀을 받아 행하는 여자이므로 술람미가 되는 것입니다.

머리에 씌운 관에 대한 말씀을 보시면

(잠 4:9)
그가 아름다운 관을 네 머리에 두겠고 영화로운 면류관을 네게 주리라 하셨느니라

하나님의 뜻을 이루기에 아름다운 관이라 합니다.

구원을 받을 수 있기에 영화로운 관이라 합니다.

자신의 머리는 그리스도가 되어야 합니다.

(고전 11:3)

그러나 나는 너희가 알기를 원하노니 각 남자의 머리는 그리스도요 여자의 머리는 남자요 그리스도의 머리는 하나님이시라

4장

– 예수 그리스도의 노래 –

1. 내 사랑 너는 어여쁘고도 어여쁘다 너울 속에 있는 네 눈이 비둘기 같고 네 머리털은 길르앗 산 기슭에 누운 염소 떼 같구나

그리스도를 따르는 너는 하나님의 뜻을 이루려 하기에 어여쁘다.

너울이란 모세가 자기 얼굴을 가렸던 수건을 말합니다.

모세가 율법을 받았을 때처럼 성령의 법을 지혜자가 받아야 하기 때문입니다.

말씀을 받을 때는 여자가 되는 것입니다.

그래서 여자는 너울 속에 있는 것입니다.

(고전 11:5)

무릇 여자로서 머리에 쓴 것을 벗고 기도나 예언을 하는 자는 그 머리를 욕되게 하는 것이니 이는 머리를 민 것과 다름이 없음이라

말씀을 받아 행할 자인 여자가 머리에 쓴 것을 벗는다는 것은 하나님께 받은 말씀이 아니라 자신의 생각대로 행하는 것을 말합니다.

자신의 생각대로 구하는 기도와 받았다고 생각한 말씀을 전하는 것은 자신의 머리인 남자 곧 그리스도께 받은 말씀이 아니라는 말입니다.

머리를 민 것과 같다는 것은 그리스도를 또한 그리스도와 연합되기를 거부한 것과 같다는 말입니다. 즉, 말씀을 배척하는 것과 같습니다.

다시 본문을 보시면

눈이 비둘기 같고 : 마음이 성령으로 충만하다.

머리털은 말씀을 받아 자라는 지혜를 의미하며 머리털이 염소 떼 같다는 것은 풍부한 지혜를 받았다는 의미입니다.

염소 떼란 죄를 자복한 자인 염소가 많다는 것이며 받은 지혜로 말미암아 자신의 생각들이 깨달아 하나님을 향하여 돌이켰다는 의미입니다.

그 염소 떼가 길르앗 산 기슭에 누웠다고 합니다.

길르앗 : 증거의 무더기, 울퉁불퉁한 즉, 우리들의 삶에서 말씀으로 인하여 깨달아 하나님께 돌이키는 것의 반복을 의미합니다.

2. 네 이는 목욕장에서 나오는 털 깎인 암양 곧 새끼 없는 것은 하나도 없이 각각 쌍태를 낳은 양 같구나

이 : 윗니와 아랫니 곧 맷돌의 위짝과 아래짝은 말씀인 곡식을 갈아 떡을 만들 수 있는 가루로 만드는 것입니다. 맷돌과 같은 의미입니다.

맷돌의 위짝은 지혜를 주시는 하나님이시며 아래짝은 지혜를 받는 지혜자를 뜻합니다.

맷돌로 곡식을 갈아 곧 지혜자가 풀어내는 말씀을 전하여 먹일 떡을 만드는 재료인 고운 가루를 내는 것입니다.

말씀을 받아서 행하여 자신의 삶에 적용한 상태가 고운 가루가 되는 것입니다.
그러므로 우리들에게 맷돌 소리가 늘 있어야 하는 것입니다.

(렘 25:10)
내가 그들 중에서 기뻐하는 소리와 즐거워하는 소리와 신랑의 소리와 신부의 소리와 맷돌 소리와 등불 빛이 끊어지게 하리니

(사 47:2)
맷돌을 가지고 가루를 갈고 너울을 벗으며 치마를 걷어 다리를 드러내고 강을 건너라

이사야에서는 바벨론을 심판하시는 말씀입니다.
바벨론은 지혜를 구하여 받는다고 하면서 맷돌을 취하여 가루로 만들고 곧 자기 생각대로 이론을 만들고 하나님의 말씀을 행하지는 않고 지혜를 많이 받았다고 자신을 나타내고자 하여 너울을 벗으며 치마를 걷어 자신의 행위를 겉으로 드러내고자 다리를 드러내고 있기에 심판하신다고 합니다.

그리스도를 따르는 자들에게 적용되는 말씀으로 보시면
맷돌을 가지고 가루를 갈고 : 하나님의 말씀을 구하여 받아서 행하는 것입니다.
너울을 벗으며 : 말씀을 받아 행하여 가루로 만들었으니 이제는 전하는 자가 되어야 함을 말합니다.
치마를 걷어 다리를 드러내고 : 치마를 걷는다는 것은 말씀의 인도함을 받지 않는다는 것이며 다리를 드러내는 것은 자기 생각대로 행한다

는 말입니다.

강을 건너라 : 지금까지 자기 생각으로 따르던 말씀이라고 하는 이론을 버리라

'이'에 대한 말씀을 보시면

(마 25:30)
이 무익한 종을 바깥 어두운 데로 내쫓으라 거기서 슬피 울며 이를 갈리라 하니라

무익한 종은 어두운 세상에 속한 자이며 자신의 생각이 무엇이 그릇된 것인가를 깨닫지 못하여 옳다고 주장하는 것을 말합니다.
바깥 어두운 데로 쫓겨나는 이유를 모르기에 슬피 우는 것입니다.
이를 갈리라 : 자기 생각이 그릇됨을 깨닫지 못하여 떠드는 것을 말합니다.

다시 본문을 보시면
목욕장에서 나온 털 깎인 암 양 : 하나님 말씀으로 씻은 곧 자신의 생각인 털을 깎아 하나님을 향할 자인 양을 낳을 자인 암 양을 말하며 거듭남을 뜻하는 것입니다.

털 깎인 : 이전의 자기를 부인했다는 뜻입니다.
자기가 가지고 있던 모든 것을 버리고 말씀을 새로 받았다는 뜻입니다.
털은 말씀을 의미하며 자신의 생각대로 가진 말씀도 털로 표현합니다.

(창 27:11)
야곱이 그 어머니 리브가에게 이르되 내 형 에서는 털이 많은 사람이요 나는 매끈매끈한 사람인즉

털이 많은 : 자기 생각이 많은

매끈매끈한 : 자기주장을 하지 않는

다시 본문을 보시면

새끼 없는 것은 하나도 없이 : 뿌려질 씨가 모두 하나님을 향할 자들을 낳을 수 있는 말씀을 가진 자라는 뜻입니다.

쌍 태를 낳은 양 같구나 : 하나님을 의지하여 받은 깨달음으로 영육이 연합된 자가 되었구나

쌍 태란 성전(심령이 하나님이 계신 성전)의 두 기둥 곧 영육이 연합됨을 말합니다.

3. 네 입술은 홍색 실 같고 네 입은 어여쁘고 너울 속의 네 뺨은 석류 한 쪽 같구나

입술이 홍색실 같고 : '입술'이란 말씀을 전하는 것을 말하며 입술에서 나오는 말씀들이 모두 예수 그리스도를 증거 하는 곧 하나님을 향하여 피를 흘리게 하는 말씀인 홍색 실이라는 뜻입니다.

'실'이란 옷(삶에서 나타나는 자신의 모습)을 지을 수 있는 재료이며 말씀 한 절 한 절을 의미합니다.

'입'이란 말씀을 따름으로 행하는 모든 것을 말합니다.

입이 어여쁘다고 하는 것은 말씀을 따르는 행함이 하나님의 뜻을

이루고자 함이라는 것입니다.

너울 속 : 말씀을 받아서 행할 자이므로 너울 속에 있는 것입니다.

(고전 11:5)
무릇 여자로서 머리에 쓴 것을 벗고 기도나 예언을 하는 자는 그 머리를 욕되게 하는 것이니 이는 머리를 민 것과 다름이 없음이라

말씀을 받아 행할 자인 여자가 머리에 쓴 것을 벗는다는 것은 하나님께 받은 말씀이 아니라 자신의 생각대로 행하는 것을 말합니다.
자신의 생각대로 구하는 기도와 받았다고 생각한 말씀을 전하는 것은 자신의 머리인 남자 곧 그리스도께 받은 말씀이 아니라는 말입니다.
머리를 민 것과 같다는 것은 그리스도를 또한 그리스도와 연합되기를 거부한 것과 같다는 말입니다. 즉, 말씀을 배척하는 것과 같습니다.

다시 본문을 보시면

뺨은 석류 한 쪽 : 뺨이란 마음속에 품은 하나님의 말씀에 대한 자신의 반응을 말합니다.
뺨이 석류 한 쪽 같다는 것은 예수께서 흘리신 붉은 피와 같다는 것이며 예수를 따르는 곧 자기 십자가 지고 자기 부인하는 피 흘리는 자의 모습이라는 것입니다.

(잠 31:21)
자기 집 사람들은 다 홍색 옷을 입었으므로 눈이 와도 그는 자기 집 사람

들을 위하여 염려하지 아니하며

홍색 옷이 홍색 실로 지은 옷입니다.

자신의 생각을 버릴 수 있는 피를 흘릴 수 있는 말씀 한 절 한 절을 따름으로 예수를 증거하는 삶을 의미입니다.

4. 네 목은 무기를 두려고 건축한 다윗의 망대 곧 방패 천 개, 용사의 모든 방패가 달린 망대 같고

목은 지혜의 말씀을 받아 전할 준비를 하고 있는 모습입니다. 하나님과의 연결됨을 말합니다.

무기를 두려고 : 하나님께 구하여 받은 지혜가 무기가 되는 것입니다.

세상에 속한 자신의 생각과 싸워 이길 수 있는 것이 무기입니다.

다윗의 망대 : 다윗이란 연단을 이겨내는 자를 말하며 자신이 되어야 합니다.

망대란 출입을 지키기 위하여 만든 것이며 지혜만이 세상 것의 미혹을 이겨내는 것이며 세상에 마음을 빼앗기는 것을 차단할 수 있는 것입니다.

방패 천 개 : '천'이란 그리스도의 은혜의 범위를 말하며 곧 그리스도의 가르침을 따르는 것이 세상에 속하려는 생각을 막을 수 있다는 말입니다.

용사의 모든 방패가 달린 망대 : '용사'란 싸움을 잘하는 자입니다.

말씀을 따름으로 자신의 생각들과의 분쟁이 일어나는 것입니다.

자신의 생각과 말씀과의 분쟁에서 이길 수 있는 지혜를 가진 자가 용사가 되는 것입니다.

그러므로 방패는 하나님께 받은 지혜를 말하며 받은 지혜로 자신의 마음에 출입하는 모든 말들을 분별할 수 있는 것이 망대가 되는 것입니다.

방패 천 개란 성령의 법이 세상에서 어떤 고난과 핍박도 이겨낼 수 있게 하는 말씀이라는 뜻입니다.

5. 네 두 유방은 백합화 가운데서 꼴을 먹는 쌍태 어린 사슴 같구나

유방은 젖을 낼 수 있는 곧 전하기에 필요한 말씀을 받아 가지고 있는 것을 말합니다.

백합화 가운데서 : '예수 그리스도 안에', '예수 그리스도를 따르는 중에'라는 말입니다.

꼴을 먹는 쌍 태 어린 사슴 같구나 : 지혜를 구하고 받아 행하는 것을 보니 예수께서 제자들을 둘씩 보낸 것 같다는 말입니다.

아직 연약한 상태이지만 꼴인 하나님의 말씀을 받아 행하는 그리스도와 연합된 자 같다는 말입니다.

쌍 태란 성전(심령이 하나님이 계신 성전)의 두 기둥 곧 영육이 연합됨을 말합니다.

(요 10:9)
내가 문이니 누구든지 나로 말미암아 들어가면 구원을 받고 또는 들어가며 나오며 꼴을 얻으리라

예수를 영접하는 것이 구원을 받는 길로 들어가는 것이며 구하여 받은 꼴 곧 지혜를 얻으리라.

하나님을 향하는 자를 양이라 하며 양이 먹어야 하는 것이 꼴입니다.

예수로 말미암아 들어가면(좁은 문) 구원을 받을 수 있는 것이고 영을 살릴 수 있는 양식(꼴, 성령의 법)을 받을 수 있는 것입니다.

다시 본문을 보시면

어린 사슴 : 세상에 마음을 빼앗기기 쉬운 연약한 상태이나 하나님을 의지하는 순전한 어린아이와 같은 자

음녀의 경우를 보면

(잠 5:20)
내 아들아 어찌하여 음녀를 연모하겠으며 어찌하여 이방 계집의 가슴을 안겠느냐

음녀란 하나님 말씀을 하면서도 세상에 속한 말을 하는 자이며 이방 계집의 가슴이란 하나님 말씀과 다른 자신의 말을 하나님 말씀인 양 거짓으로 증거 하는 것을 말합니다.

음녀 또한 낳고 젖을 먹입니다.

6. 날이 저물고 그림자가 사라지기 전에 내가 몰약 산과 유향의 작은 산으로 가리라

(아 2:17)의 반복입니다. 반복하시는 이유는 깨달으라는 말입니다.

날이 저물고 : 깨닫지 못하여 죽는 길로 가서 멸절되는 때가 옴

그림자가 사라지기 전에 : 따르던 이전 공의가 그림자였음을 깨달으라는 말입니다.

(골 2:17)

이것들은 장래 일의 그림자이나 몸은 그리스도의 것이니라

이것들은 다 그림자라는 것입니다.

율법을 행위로 지키면서 자신이 무엇인가를 이루려고 하는 모든 것을 말합니다.

무엇을 보여주기 위한 그림자인가 하면 실체가 되시는 예수 그리스도를 보여주기 위한 그림자라는 것입니다.

그래서 바울 사도는

(갈 3:24)

이같이 율법이 우리를 그리스도께로 인도하는 초등교사가 되어 우리로 하여금 믿음으로 말미암아 의롭다 함을 얻게 하려 함이니라

율법은 우리를 그리스도에게로 인도하는 곧 깨닫게 하는 초등교사라고 합니다.

그런데 문제는 내가 확실하게 실체라고 여기며 붙들 수 있는 것을 그림자라고 말하고 내가 확실하게 붙들 수 없는 믿음의 영역을 실체라고 하는 것입니다.

실체가 오기 전까지는 그림자의 안내를 받지만 그러나 실체가 오면 이제 더 이상 그림자를 붙들지 말라는 것입니다.
실체 되신 예수 그리스도께서 이미 우리 가운데 오셨습니다.
이제 우리는 더 이상 그림자를 붙들 필요가 없는 것입니다.
그러므로 **(갈 3:25) 믿음이 온 후로는 우리가 초등교사 아래 있지 아니하도다** 라고 했습니다.
이제는 성령의 법 아래에 있는 것입니다.

다시 (골 2:17)을 보시면
몸은 그리스도의 것 : 영과 육이 연합된 몸은 그리스도의 것이라 합니다.

다시 본문을 보시면
몰약과 유향 : 예수께서 완성하신 성령의 법이 우리들에게 행하게 하는 것을 말합니다.

(마 2:11)
집에 들어가 아기와 그의 어머니 마리아가 함께 있는 것을 보고 엎드려 아기께 경배하고 보배합을 열어 황금과 유향과 몰약을 예물로 드리니라

황금이란 '열매', 즉 하나님의 뜻을 이루어 열매를 맺음을 말합니다.
풀무 불(연단을 위한 환난)에 씌어 남게 되는 참 열매가 바로 금입니다.
몰약이란 썩게 하여 쓰는 향품으로 십자가에 달릴 것을 말하며 죽음으로서 하나님의 뜻을 이룸을 말합니다.
유향이란 나무를 상처 내서 얻은 액체이며 향품입니다.
치료와 회복을 말합니다.
그래서 예수께서

(마 5:17) 내가 율법이나 선지자를 폐하러 온 줄로 생각하지 말라 폐하러 온 것이 아니요 완전하게 하려 함이라 라고 하신 것입니다.

예물은 예수께서 무엇을 하러 오셨는가를 나타내는 것입니다.
예물의 의미는 예수께서 세상에 오셔서 하나님과 사람 사이에 끊어진 것을 자신의 죽음으로 잇고 곧 대속함으로 열매를 맺을 자들을 낳게 하실 것이라는 것입니다.
예물은 나 자신을 예수께 드리는 것이며 드린다는 것은 구하는 것입니다.
예수께서 받은 예물은 우리들에게 예물의 역할을 하는 것입니다.
그러므로 우리들 자신이 예물이 되어야 합니다.

다시 본문을 보시면
유향의 작은 산 : '유향의'라는 것은 '어렵고 힘들더라도 말씀을 따르며'라는 뜻이며 '작은 산' 이란 큰 산 시내산에 대하여 작은 산, 시온산이라는 말입니다.
성령의 법이 자신이 받는 연단과 환난을 이기게 한다는 말입니다.
예수께서 가신 곳은 우리들 자신이 가야 하는 곳입니다.
성령의 법을 받아서 따르는 것이 예수께서 가신 곳을 가는 것입니다.

7. 나의 사랑 너는 어여쁘고 아무 흠이 없구나

6절의 몰약 산과 유향의 작은 산으로 간 자는 말씀을 받아 따르는 자이며 하나님의 사랑을 입은 자입니다.

그러므로 순전히 하나님만 의지하여 받은 말씀만을 전하고 행하니 하나님의 뜻을 이루기에 어여쁘다고 하십니다.

'흠'이 없다는 것은 하나님께 받은 지혜만 전하고 행하니 자신의 생각을 말하지 않는다는 것입니다.

(계 14:5)
그 입에 거짓말이 없고 흠이 없는 자들이더라

거짓말이란 하나님과 다른 자신의 생각을 하나님의 말씀인 양 말하는 것을 말합니다.

거짓말이 없다는 것은 자신의 생각을 말하지 않는다는 것입니다.

8. 내 신부야 너는 레바논에서부터 나와 함께 하고 레바논에서부터 나와 함께 가자 아마나와 스닐과 헤르몬 꼭대기에서 사자 굴과 표범 산에서 내려오너라

예수 그리스도의 말씀 곧 성령의 법을 따르는 자가 신부가 되는 것입니다.

레바논에서부터 : 자신이 성전 지을 재료인 백향목이 되어 심령에 하나님의 전을 건축하기 시작해야 함을 말합니다.

아마나와 스닐 : 아마나는 '언약'을 뜻하며 스닐은 '흰 살'이라는 뜻을

가진 말로 헤르몬의 다른 이름입니다.

헤르몬 산 꼭대기에서 : 큰 산인 시내산 꼭대기에서, 행위로 지키던 율법

언약을 받은 자 곧 아브라함의 자손이라고 하며 율법을 행위로 지키는 것이 거룩한 자 곧 구원을 받는 것이라 생각하면서 하나님의 선민이라고 하는 것은 사자 굴에 있는 것과 표범 산에 있는 것임을 깨달아 내려오라고 하십니다.

자신이 사자 굴과 표범 산에 있는 줄을 모르기에 내려오지 않는 것입니다.

예수 그리스도의 신부가 되면 다시는 이전 공의인 율법을 행위로 지키려고 하지 말라는 말입니다.

헤르몬에 대한 말씀을 보시면

(신 3:9)

(헤르몬 산을 시돈 사람은 시룐이라 부르고 아모리 족속은 스닐이라 불렀느니라)

시룐 : '허리에 두르는 갑옷'

(삿 3:3)

블레셋의 다섯 군주들과 모든 가나안 족속과 시돈 족속과 바알 헤르몬 산에서부터 하맛 입구까지 레바논 산에 거주하는 히위 족속이라

남겨 두신 이방 민족들이 누구인지 말씀합니다.

블레셋 다섯 군주 : 강한 자신의 생각은 죽어야 하는 것을 의미합니다.

가나안 족속 : 옛 본성

시돈 족속 : '어장', 자기가 만든 논리적인 이론을 가진 자

바알 헤르몬 산에서부터 하맛 입구까지 : 우상을 숭배하며 행운을 바라면서 거룩한 척하는 헤르몬 산에서부터 자신이 옳다 주장하는 하맛까지

바알 헤르몬 : '행운의 바알', **하맛 :** '요새'

레바논 산에 거주하는 히위 족속 : 히위 족속은 자기 마음에 족하다고 생각하며 사는 자, '굴에 사는 자'

(시 29:6)
그 나무를 송아지 같이 뛰게 하심이여 레바논과 시룐으로 들송아지 같이 뛰게 하시도다

그 나무는 레바논의 백향목을 말하며 자신이 성전을 건축하는데 쓰는 나무라고 생각하며 하나님의 일꾼이라고 나타내는 것을 하나님이 그냥 두었다는 말입니다.
그들이 생각하고 행한 것이 곧 백향목인 양 생각하며 거룩한 척하는 율법을 행위로 지키는 들송아지라고 하십니다.

우리들은 하나님의 언약을 받은 자입니다.
성경에 언약을 받고 율법을 받은 하나님의 택함을 받은 선민들이 그때부터 전개되는 성경 안에서의 기록을 살펴보라는 것입니다.
선민들이 자신의 생각대로 행위로만 율법을 지키려 하였으나 지키지 못하였고 또한 지키는 척함으로 죽는 길로 가고 있기에 선민들 스스로 언약을 버린 것이 되었습니다.
하나님은 언약을 지키시기 위하여 예수 그리스도로 말미암아 성령

의 법이 선 것이므로 그들의 전철을 밟지 않게 하기 위하여 하시는 말씀입니다.

모든 성경의 말씀을 깨닫게 하시겠다는 뜻입니다.

9. 내 누이, 내 신부야 네가 내 마음을 빼앗았구나 네 눈으로 한 번 보는 것과 네 목의 구슬 한 꿰미로 내 마음을 빼앗았구나

마음을 빼앗았다는 것은 사랑한다는 말이며 지혜자가 예수 그리스도의 말씀을 따랐기에 지혜자는 예수 그리스도를 사랑하는 것이고 예수께서는 지혜자를 사랑하는 것입니다.

(요 14:21)
나의 계명을 지키는 자라야 나를 사랑하는 자니 나를 사랑하는 자는 내 아버지께 사랑을 받을 것이요 나도 그를 사랑하여 그에게 나를 나타내리라

예수께서 지혜자에게 마음을 빼앗긴 이유는 바로 하나님께로부터 지혜를 받아 행하는 과정을 예수께서 보셨기 때문입니다.

다시 본문을 보시면

네 눈으로 한 번 보는 것 : 마음으로 깨달은 말씀

네 목의 구슬 한 꿰미 : '목'은 하나님과 연결됨을 곧 지혜를 구하여 받는 모습을 말하며 지혜를 반복하여 구하여 받아 마음에 깨달음이 사는 동안에 계속되었다는 말입니다.

구슬 꿰미 : '꿰미'란 잠 1:9의 '사슬'과 같은 의미입니다.

줄줄이 연결되어 있는 것을 말하며 하나님께 구하여 받은 지혜가 많다는 말씀입니다.

누이 : 예수 그리스도를 따르는 자에게는 시온의 딸은 있어도 시온의 아들은 없습니다.
낳아야 하기 때문입니다.
성령의 인도함을 받아 구원을 얻을 모두는 제자를 낳지 못하면 열매를 맺지 못한 것입니다. 아이를 잉태한다는 의미에서 우리 모두는 딸이 되는 것입니다.

(애가 4:2)
순금에 비할 만큼 보배로운 시온의 아들들이 어찌 그리 토기장이가 만든 질항아리 같이 여김이 되었는고

(렘 3:14)
여호와의 말씀이니라 배역한 자식들아 돌아오라 나는 너희 남편임이라 내가 너희를 성읍에서 하나와 족속 중에서 둘을 택하여 너희를 시온으로 데려오겠고
나는 너희에게 낳을 자를 있게 하는 씨, 곧 말씀을 주는 남편이다.
너희가 돌아오면 내가 너희 중에서 성읍 곧 성령의 법을 받아 전할 자 하나(각 개인, 자신의 영)를 부를 것이고, 또 족속(말씀을 행할 자) 중에서 하나(각 개인, 자신의 육)를 택하여 둘(영과 육)이 연합하게 하여 성령의 법이 다스리는 시온이 너희 심령에 있게 하겠고

예레미야 애가에 나오는 시온의 아들들이나 예레미야에 나오는 자식

들은 자신이 선민이라고 하면서 거룩한 자로 생각하며 겉으로 나타내고 있는 시온이며 예수 그리스도를 따르는 자들은 영적 시온입니다.

시온의 딸에 대한 말씀을 보시면

(습 3:14)

시온의 딸아 노래할지어다 이스라엘아 기쁘게 부를지어다 예루살렘 딸아 전심으로 기뻐하며 즐거워할지어다

시온의 딸아 노래할지어다 : 성령의 법을 따름으로 하나님을 향할 자를 낳을 자야 말씀을 전하라

이스라엘아 기쁘게 부를지어다 : 받은 말씀으로 거듭난 자들아 마음에 평안과 쉼을 얻으라.

예루살렘 딸아 전심으로 기뻐하며 즐거워할지어다 : 새 하늘과 새 땅이 된 예루살렘 딸아 온 마음이 하나님을 의지함으로 평안과 안식을 누릴지어다.

10. 내 누이, 내 신부야 네 사랑이 어찌 그리 아름다운지 네 사랑은 포도주보다 진하고 네 기름의 향기는 각양 향품보다 향기롭구나

하나님의 말씀을 행하는 것이 하나님을 사랑하는 것입니다

네 사랑이 어찌 그리 아름다운지 : 말씀을 따름으로 자신의 심령을 정결하게 하여 하나님의 뜻을 이루는 것이 아름다운 것입니다.

(아 1:2)

내게 입맞추기를 원하니 네 사랑이 포도주보다 나음이로구나

다시 본문을 보시면

네 사랑이 : 말씀을 따르는 것이 예수 그리스도를 사랑하는 것이며 예수 그리스도의 사랑을 입는 자가 되는 것입니다.

입은 사랑으로 우리들은 이웃, 형제, 원수를 사랑할 수 있는 것입니다.

(요 14:21)

나의 계명을 지키는 자라야 나를 사랑하는 자니 나를 사랑하는 자는 내 아버지께 사랑을 받을 것이요 나도 그를 사랑하여 그에게 나를 나타내리라

그에게 나를 나타내리라 : 입은 사랑을 전하게 하신다는 말이며 전하는 것은 구하여 받은 지혜입니다.

다시 본문을 보시면

포도주보다 진하고 : 포도주란 어떤 사람이 자기를 부인하고 하나님을 향했을 때 곧 말씀을 따름으로 나타나는 결과를 말입니다.

예수 그리스도의 포도주는 성령의 법이며 하나님께 선택을 받은 모든 이들이며 우리에게는 성경을 깨닫게 하는 지혜와 깨달은 구원의 방법과 그것을 전했을 때 맺게 되는 열매와 전도의 결과 등이 모두 포도주입니다.

무엇인기를 바라는 결과에 마음을 쓰지 않고 오직 말씀을 따름으로 자신의 심령이 정결해져서 하나님의 뜻을 이루고자 한다는 말입니다.

포도주만을 바라는 자는 자고한 자가 되는 것입니다.

진하고 : (아 1:2)의 '나음이로구나'와 같은 의미로서 구원을 받는 길

을 가고 있다는 말입니다.

다시 본문을 보시면

기름의 향기 : '기름'이란 자신이 가는 길에서 힘이 되는 근원을 말합니다.

우리들이 가는 길은 구원을 향한 길이 되어야 하며 힘이 되는 근원은 성령의 인도함이 되어야 합니다.

성령의 인도함이란 하나님께 구하여 받은 지혜를 행하는 것입니다.

구하여 받은 지혜로 자신의 생각대로 행하는 것을 버리고 지혜를 따르는 것이 향기를 내는 것입니다.

각양 향품보다 향기롭구나 : 겉으로 나타내는 행위가 아닌 자기 부인하는 것이기에 하나님이 받으신다는 것입니다.

(민 28:2)

이스라엘 자손에게 명령하여 그들에게 이르라 내 헌물, 내 음식인 화제물 내 향기로운 것은 너희가 그 정한 시기에 삼가 내게 바칠지니라

하나님이 받으시는 것은 산 제물인 헌물과 깨달은 말씀으로 자신의 생각을 태운 화제물이 하나님께 드리는 향기로운 것이라 하십니다.

정한 시기 : 깨달았을 때

깨달음이 많다는 것은 환난의 기간이 깨달음을 받은 만큼 길었다는 것이며 또 하나님을 향한 사랑의 크기를 나타냅니다.

자신이 이겨낼 수 있는 오래 참음이 있었다는 것을 말합니다.

그러나 깨달음이 많고 적음은 개개인마다 다르게 적용되는 것이므로 하나님의 안식에 들어가는 척도는 될 수 없습니다.

따라서 사람이 지혜의 많음으로 인하여 자고하지 말아야 합니다.

11. 내 신부야 네 입술에서는 꿀 방울이 떨어지고 네 혀 밑에는 꿀과 젖이 있고 네 의복의 향기는 레바논의 향기 같구나

입술 : 말씀을 전하는 것

꿀 방울 : 달콤한 말씀, 하나님의 뜻을 이루게 하는 영을 살릴 수 있는 말씀

혀 : 말씀을 구체적으로 전하는 곧 말씀을 풀어내는 것

젖 : 하나님의 말씀이 부족한 자에게 세상에 속한 생각을 버리게 하는 양육의 말씀

의복 : 말씀을 행함으로 인한 자신의 모습 곧 신앙관

레바논의 향기 : 심령이 하나님의 성전인 그리스도의 몸을 건축하는데 쓰일 백향목이 되기에 부족함이 없을 듯하다.

그리스도의 향기에 대한 말씀을 보시면

(고후 2:15)
우리는 구원 받는 자들에게나 망하는 자들에게나 하나님 앞에서 그리스도의 향기니

구원 받는 자들에게나 망하는 자들에게나 : 말씀을 전하는 우리들은 누가 구원을 받는 자인지 망하는 자인지 알 수 없습니다.

즉, 우리들이 판단을 하지 말라는 것이며 하나님은 아십니다.

말씀을 전하는 자는 전하기만 하면 되는 것입니다.

하나님 앞 : 하나님의 공의 안, 하나님의 뜻이 말씀을 받는 자에게 이루어지길 위하여

그리스도의 향기 : 그리스도의 가르침을 따름으로 자신이 정결해지는 것인 향기를 내는 자가 되어야 합니다.

12. 내 누이, 내 신부는 잠근 동산이요 덮은 우물이요 봉한 샘이로구나

잠근 동산 : 예수 그리스도와 함께 구원의 길을 가기에 하나님이 주신 동산을 이룰 것이고

덮은 우물 : 성경에 생명수가 풍성히 담겨 있으나 구함으로 감춰있던 만나를 받을 것입니다.

봉한 샘 : 예수께서 계시록의 말씀처럼 인을 떼면 곧 봉한 것을 떼어 내면 곧 생명을 얻게 하는 말씀이 샘솟듯 할 것입니다.

13. 네게서 나는 것은 석류나무와 각종 아름다운 과수와 고벨화와 나도풀과

14. 나도와 번홍화와 창포와 계수와 각종 유향목과 몰약과 침향과 모든 귀한 향품이요

나는 것 곧 말씀을 행함으로 인하여 예수 그리스도의 향기를 내는 것입니다.

향기를 내는 자를 나무로 예수 그리스도를 따르는 자를 꽃으로 말씀을 구하여 받아 행함을 풀로 또는 향으로 말씀합니다.

석류나무 : 씨가 많은 곧 받은 말씀으로 하나님을 향하여 피 흘리는 길을 가는 나무

각종 아름다운 과수 : 하나님께 속한 곧 하나님의 뜻을 이루는 열매를 맺는 나무

고벨화 : 향기가 매우 진한 꽃으로 신부가 드는 꽃이며 우리들이 신부입니다.

그리스도께서 사랑하는 지혜자는 그리스도의 명령을 받들어 어두운 세상인 광야에 우물과 같은 자로서 그리스도의 포도원에서 진한 향기를 내며 열매를 맺게 할 자라는 뜻입니다.

나도풀과 나도

(아 1:12)
왕이 침상에 앉았을 때에 나의 나도 기름이 향기를 뿜어냈구나

'나도 기름'은 마리아가 예수의 발에 부은 기름으로 예수를 따르겠다는 것입니다.

예수 그리스도를 따르는 것에 대한 말씀을 보시면

(요 12:3)
마리아는 지극히 비싼 향유 곧 순전한 나드 한 근을 가져다가 예수의 발에 붓고 자기 머리털로 그의 발을 닦으니 향유 냄새가 집에 가득하더라

발에 붓고 : 예수께서 가신 길을 따르겠다는 것입니다.

자기 머리털로 그의 발을 닦으니 : 자신이 깨달은 말씀을 행하는 것이 예수께서 가신 길을 따르는 것입니다.

예수를 따르는 것은 자기 십자가 지고 자기 부인하는 것입니다.

(마 16:24)
이에 예수께서 제자들에게 이르시되 누구든지 나를 따라오려거든 자기를 부인하고 자기 십자가를 지고 나를 따를 것이니라

예수 그리스도를 따르는 것은 받은 말씀으로 자신의 생각과 행위를 지우는 것을 말하며 곧 향기를 내는 삶을 말합니다.

다시 (아 1:12)을 보시면
예수 그리스도의 '나도 기름'이 향기를 뿜어냈다는 것은 예수께서 하나님의 뜻을 이루려고 십자가에서 죽으심과 같이 우리들 자신도 예수를 따르는 길을 감으로 향기를 뿜어냈다는 것입니다.

다시 본문을 보시면
번홍화 : 지혜자의 말씀을 따름으로 하나님의 뜻을 이루는 것을 말합니다.
창포, 계수(계피, 육계) : 출 30장에 말씀하시는 관유를 만드는 재료를 말합니다.
성령의 인도함을 받는 것을 말합니다.
창포는 하나님의 말씀을 늘 공급받음으로 향을 내는 것이며 계수는 육계와 계피를 내는 나무를 말하며 육계와 계피는 자신의 희생으로 인하여 향을 내는 것을 말합니다.

각종 유향목 : 하나님의 말씀을 따름으로 인하여 연단을 이겨내는 나무
유향이란 나무를 상처 내서 얻은 액체이며 향품입니다.

치료와 회복을 말합니다.

몰약 : 몰약이란 썩게 하여 쓰는 향품으로 예수께서 십자가에 달릴 것을 말하며 죽음으로서 하나님의 뜻을 이룸을 말합니다. 우리들 또한 십자가에서 죽어야 하는 것입니다.

침향 : 말씀으로 자신의 고민(세상 것에 대한 높음과 채움)을 치료하는 것을 말합니다.

모든 귀한 향품 : 받은 말씀을 따름으로 하나님의 뜻을 이루는 것이 향을 내는 것입니다.

15. 너는 동산의 샘이요 생수의 우물이요 레바논에서부터 흐르는 시내로구나

지혜자가 하나님께 받은 말씀으로 샘, 우물, 시내의 역할을 한다는 것입니다.

동산은 자신의 심령을 말하며 생수는 영을 살릴 수 있는 말씀을 말하며 레바논은 자신의 심령이 하나님이 계시는 성전이 되어야 함을 말합니다.

샘이 되고 우물이 되고 흐르는 시내가 되려면 늘 하나님께 구하여 지혜를 받아야 하는 것입니다.

그래서 '항상 기도하라'는 말씀을 하시는 것입니다.

구하는 것은 하나님의 '의'입니다.

16. 북풍아 일어나라 남풍아 오라 나의 동산에 불어서 향기를 날리라 나의 사랑하는 자가 그 동산에 들어가서 그 아름다운 열매 먹기를 원하노라

북풍은 멸하는 바람이며 남풍은 우리가 가는 길에서 늘 구하여 받는 지혜의 바람입니다.

우리가 하나님께 구하여 받은 지혜는 자신의 생각을 멸하는 바람이며 자신이 가는 구원의 길에서 길을 잘 가도록 하는 바람이 되는 것입니다.

받은 지혜를 자신의 심령인 동산에 전하여 자신의 생각과 행위를 하나님을 향하여 돌이키게 하는 것이 향기를 날리는 것입니다.

향기를 날리는 삶이 하나님의 뜻을 이루는 아름다운 열매를 맺는 것입니다.

말씀은 자신에게 징계와 훈계를 하시는 것입니다.

말씀을 깨달았다는 것은 그동안 그 말씀대로 살지 않았음의 반증입니다.

그러므로 말씀을 깨달았다는 것은 자신에게 징계를 하시는 것입니다.

(히 12:8)

징계는 다 받는 것이거늘 너희에게 없으면 사생자요 친아들이 아니니라

5장

1. 내 누이, 내 신부야 내가 내 동산에 들어와서 나의 몰약과 향 재료를 거두고 나의 꿀송이와 꿀을 먹고 내 포도주와 내 우유를 마셨으니 나의 친구들아 먹으라 나의 사랑하는 사람들아 많이 마시라

내가 내 동산에 들어와서 : 예수께서 사람의 몸을 입고 세상에 오신 것이 내가 내 동산에 들어온 것입니다.

또한 우리들이 예수를 영접한 것이 예수께서 내 안에 계시는 것입니다.

그래서 내 누이, 내 신부야 하십니다.

예수 그리스도를 따를 자를 낳을 자가 '내 누이'입니다.

예수 그리스도의 신부가 될 자가 '내 신부'입니다.

몰약이란 썩게 하여 쓰는 향품으로 십자가에 달릴 것을 말하며 죽음으로서 하나님의 뜻을 이룸을 말합니다.

향 재료 : 상한 나무에서 자생적으로 흘러나와 상한 부위를 치료하는 액체

나의 몰약과 향 재료 : 동방의 박사들이 예물로 몰약과 유향과 황금을 드립니다.

몰약은 예수께서 사람의 몸을 입고 와서 자신을 십자가에 달아 성령과 함께 구원의 향기를 발하게 할 것을 말하는 것이고 유향은

선민들의 패역으로 인해 끊어진 하나님의 구원의 계획을 이어 놓으실 것을 말하는 것이며 황금은 몰약과 유향으로 인해 열매를 얻을 것이라는 것입니다.
그래서 '나의 몰약'이라는 것입니다.
또한 우리들이 예수를 따르는 것이 몰약과 향 재료를 내는 것입니다.
예수 그리스도와 함께 우리들 또한 십자가에서 죽어야 예수께서 다시 사셨듯이 우리들도 사는 것입니다.

(롬 6:8)
만일 우리가 그리스도와 함께 죽었으면 또한 그와 함께 살 줄을 믿노니
거듭남을 말합니다.

다시 본문을 보시면
나의 꿀 송이와 꿀을 먹고 : 우리들이 예수께서 주시는 영이 살게 하는 말씀인 꿀 송이와 우리를 양육하는 말씀인 꿀을 받아 행하라는 것입니다.
즉, 예수께서 전하는 복음을 듣고 깨달아 예수를 따르라는 말입니다.

내 포도주와 내 우유를 마셨으니 : 예수께서 십자가에서 죽음으로서 이루게 되는 것이 포도주입니다.
하나님 말씀에 순종하심으로 이루었다는 것이 포도주이며 즉, 예수로 말미암아 구원의 길을 여신 것이며 예수를 영접한 자를 제자

삼는 것이며 성령의 법을 완성하셨다는 말입니다.

그러므로 우리들은 포도주인 성령의 법을 따르는 것이 예수를 따르는 것이며 일꾼이 되는 것입니다.

내 우유를 마셨다는 것은 우유는 소의 젖을 말하며 우리들이 우유인 말씀을 따름으로 하나님의 뜻을 이루는 일꾼이 되는 것입니다.

그래서 예수의 친구인 예수의 말씀을 따르는 자들에게 나의 꿀 송이와 꿀을 먹으라 하시고 내 포도주와 내 우유를 많이 마시라 하시는 것입니다.

예수께서 가신 길을 우리들도 따라오라는 말입니다.

2. 내가 잘지라도 마음은 깨었는데 나의 사랑하는 자의 소리가 들리는구나 문을 두드려 이르기를 나의 누이, 나의 사랑, 나의 비둘기, 나의 완전한 자야 문을 열어 다오 내 머리에는 이슬이, 내 머리털에는 밤이슬이 가득하였다 하는구나

예수께서 잔다는 것은 우리들 자신의 심령에 심어졌다는 것을 말입니다.

조상들의 잠도 이 잠이고, 복음서에서 어느 소녀가 죽었다고 하자 예수님이 '잔다'라고 하는데 거기서의 잠도 이 잠입니다.

마음은 깨었는데 : 예수께서는 우리와 함께하심을 말합니다.

지혜자인 사랑하는 자의 소리가 들리는구나 : 지혜자의 소리가 들린다는 것은 받은 지혜를 전하고 행하는 것을 본다는 것입니다.

지혜자가 문을 두드려 이르기를 : 지혜가가 구원의 길을 가는 중에 심령에 계신 예수께 늘 지혜를 구하는 것을 말합니다.

'나의 누이'란 지혜자가 예수와 형제며 아울러 예수께서도 제자들(지혜자)을 낳았으므로 성령으로 낳아진 자가 되며 또한 낳을 자이기에 '누이'가 됩니다.
하나님께 지혜를 받은 자는 받은 지혜를 전해야 하는 아들이 되나 지혜를 전하여 하나님을 향할 자를 낳는 여자인 누이도 되는 것입니다.
따라서 예수와 지혜자는 서로를 형제라고 할 수도 있으며 누이라고 할 수 있습니다.

나의 사랑 : 예수만을 따른다는 것입니다.
나의 비둘기 : 예수를 따르는 것이 성령의 인도함을 받는 것입니다.
나의 완전한 자야 : 지혜자는 완전한 자가 아닙니다.
지혜자는 (아 4:1절)에 말씀과 같이 눈이 비둘기 같을 수는 있어도 비둘기일 수는 없습니다.
그러므로 '나의 비둘기', '나의 완전한 자'는 예수를 나타내는 것입니다.

문을 열어 다오 : 예수께 지혜를 구하는 모습입니다.

(마 7:7)
구하라 그리하면 너희에게 주실 것이요 찾으라 그리하면 찾아낼 것이요 문을 두드리라 그리하면 너희에게 열릴 것이니

지혜를 구하는 것이며 성령을 받는 것입니다.

다시 본문을 보시면

내 머리에는 이슬이 : 이슬은 하늘의 보물이라고 기록되어 있습니다.

비와 관계없이 광야에 풀이 자라게 하는 것이 바로 이 이슬이기 때문입니다.

그러므로 이슬은 하나님을 아는 지식입니다.

말씀을 따름으로 받는 연단을 이기고 난 후에 자신에게 연단이 있는 이유를 다시금 깨달아 하나님의 은혜로 이겨낼 수 있었음을 아는 것이 하나님을 아는 지식이며 자신의 마음에 보물이 되는 것입니다.

(신 33:13)

요셉에 대하여는 일렀으되 원하건대 그 땅이 여호와께 복을 받아 하늘의 보물인 이슬과 땅 아래에 저장한 물과

요셉에게 이루어지게 해달라고 하나님께 구하는 말입니다.

요셉은 연단을 감내하며 구원의 길을 가는 자를 말합니다.

요셉의 심령에 복이 있을 것이라 합니다.

복을 받는 이유를 열거하고 있습니다.

하나님을 의지하는 자는 하늘의 보물인 이슬을 받는다고 합니다.

또 마음에 지혜를 저장한다고 합니다.

다시 본문을 보시면

내 머리털에는 밤이슬이 가득하였다 : 털의 의미는 말씀이며, 밤이슬이란 심령이 어두운 세상인 밤인 상태에서 깨달아 하나님을 향하도록 하는 말씀을 의미합니다.
밤이슬이 사람의 마음을 움직여서 하나님을 향하는 자신을 만듭니다.

다시 말해 사람이 자기도 모르게 하나님을 향하게 하는 말씀을 깨닫게 하는 성령의 도움이 밤이슬입니다.
자신의 심령이 밤임을 깨달은 자가 말씀을 찾는 것이지 만일 지혜를 많이 가진 자라고 생각하는 자는 목말라할 이유가 없는 것입니다.

밤이라는 것을 인지하는 사람이 이슬을 맞는 것이지 밤인 줄도 모르는 사람은 그 이슬을 맞을 수는 없는 것입니다.

그러므로 하나님께 지혜를 받아 많은 말씀을 깨달았고 그 깨달은 바에 의하여 이제 예수님의 포도원 일꾼으로 일해야 하니 예수께 문을 열어 달라고 하는 것입니다.

3. 내가 옷을 벗었으니 어찌 다시 입겠으며 내가 발을 씻었으니 어찌 다시 더럽히랴마는

옷을 벗었으니 : 예수께서는 육신으로 오시어 우리들의 죄를 대속하고자 십자가에서 죽으셨습니다. 하나님의 뜻을 이루신 것을 나타내는 말씀입니다.

그러므로 우리들도 입고 있는 옷을 벗고 새 옷을 입어야 하는 것입니다.

다시 입겠으며 : 예수께서는 행위로만 지키던 율법을 성령의 법으로 완전하게 하셨습니다.
그러므로 우리들이 벗은 옷을 다시 입지 말라는 것입니다.
다시 율법을 행위로 지키려고 하지 말라는 말입니다.

내가 발을 씻었으니 : 예수께서 육신으로 오시어 율법을 행위로 지키는 것은 죽는 것이라는 본을 보이셨으니 우리들도 죽는 길로 가는 그릇된 행위를 버려야 하는 것입니다.

다시 더럽히랴마 : 우리들이 예수를 영접하였으면 행위로 율법을 지키려하는 것은 다시 세상에 마음을 빼앗기는 것이며 자신의 심령을 더럽히는 것입니다.

4. 내 사랑하는 자가 문틈으로 손을 들이밀매 내 마음이 움직여서

지혜자 곧 예수께서 사랑하는 자가 문틈으로 손을 들이밀매 : 지혜를 구하는 모습입니다.
문 틈 : 좁은 문을 의미합니다.
지혜를 구하는 것은 받은 지혜로 세상의 미혹과 죄의 유혹을 이겨내고자 하는 것입니다.

말씀을 따르는 길은 자신의 생각을 죽여야 하는 길이기에 어렵고 힘든 길입니다.

그러나 구원의 소망을 가진 지혜자는 고난의 길을 가고자 합니다.

고난의 길이기에 사람들이 넓은 문으로 가려 하고 좁은 문을 찾는 자가 적다는 말씀을 하신 것입니다.

(마 7:13)
좁은 문으로 들어가라 멸망으로 인도하는 문은 크고 그 길이 넓어 그리로 들어가는 자가 많고

다시 본문을 보시면

내 마음이 움직여서 : 구하는 자에게 지혜를 주십니다.

지혜를 구한다는 것은 자신이 죄인임을 자복하는 것과 같습니다.

(마 9:13)
너희는 가서 내가 긍휼을 원하고 제사를 원하지 아니하노라 하신 뜻이 무엇인지 배우라 나는 의인을 부르러 온 것이 아니요 죄인을 부르러 왔노라 하시니라

겉으로 하나님을 향한 척하는 제사를 원하지 아니하시고 자신의 죄를 자복하여 하나님의 긍휼 곧 불쌍히 여김을 받으라고 하십니다.

5. 일어나 내 사랑하는 자를 위하여 문을 열 때 몰약이 내 손에서, 몰약의 즙이 내 손가락에서 문빗장에 떨어지는구나

문을 열 때 : 구하는 자에게 지혜를 주시는 것입니다.

손가락 : 받은 말씀을 가진 손의 힘을 구체적으로 행하는 것을 말합니다.

(시 144:1)
나의 반석이신 여호와를 찬송하리로다 그가 내 손을 가르쳐 싸우게 하시며 손가락을 가르쳐 전쟁하게 하시는도다

(잠 7:3)
이것을 네 손가락에 매며 이것을 네 마음판에 새기라

손가락에 맨다는 것은 무엇을 행할 때는 받은 지혜대로 행하라는 것입니다.

마음판에 새기라 : 말씀으로 자신의 심령을 정결하게 하라.

다시 본문을 보시면

내 손에서, 내 손가락에서 : 예수의 손, 예수의 손가락에는 성령의 법이 있는 것입니다.

(롬 8:2)
이는 그리스도 예수 안에 있는 생명의 성령의 법이 죄와 사망의 법에서 너를 해방하였음이라

다시 본문을 보시면

문빗상이라는 것은 솝은 눈이 잠겨 있다는 것이며 아무에게나 열리는 것이 아니라는 뜻입니다. 그래서 두드리라고 하신 것입니다.

(아 5:1)의 '나의 몰약'인 이 몰약은 예수께서 사람의 몸을 입고 와서 자신을 십자가에 달아 성령과 함께 구원의 향기를 발하게 할 것을 말하는 것입니다.
그러므로 몰약의 역할을 할 수 있도록 하는 자기 부인을 하게 하는 성령의 법을 깨닫게 하셨다는 말입니다.

6. 내가 내 사랑하는 자를 위하여 문을 열었으나 그는 벌써 물러갔네 그가 말할 때에 내 혼이 나갔구나 내가 그를 찾아도 못 만났고 불러도 응답이 없었노라

내가 내 사랑하는 자를 위하여 : 예수께서 사랑하는 자가 지혜를 받아서 구원의 길을 갈 수 있도록 지혜를 주는 것입니다.
문을 열었으나 : 구하는 지혜를 주었으나
그는 벌써 물러갔네 : 지혜를 받고 갔다는 의미와 듣고 나서 받지 않고 갔음을 의미합니다.
사람들은 고난이나 환난에 대한 말씀이나 징계에 대한 말씀에 귀를 기울이려 하지 않습니다. 또한 듣고서는 자신에게 주시는 말씀이 아니라 생각합니다.
구하여 받은 지혜로 자신의 심령을 정결하게 곧 자신의 생각을 죽여야 하기에 행하지 않는 것입니다.

(히 12장)

7. 너희가 참음은 징계를 받기 위함이라 하나님이 아들과 같이 너희를 대우하시나니 어찌 아버지가 징계하지 않는 아들이 있으리요

8. 징계는 다 받는 것이거늘 너희에게 없으면 사생자요 친아들이 아니

니라

하나님의 아들이 되고자 하는 선택을 받은 자면 누구나 징계를 받는다고 말씀하시며 나아가 징계가 없는 자 곧 말씀을 깨닫는 것이 자신에게 징계를 주시는 것임을 모르는 자는 사생아라고 말씀하십니다.

다시 본문을 보시면

그가 말할 때 : 구하여 받은 지혜를 전할 때를 말합니다.

그러나 예수께서 문을 열었을 때 '그는 벌써 물러갔네'라고 하십니다.

즉, 지혜를 받고 갔다는 의미와 듣고 나서 받지 않고 갔음을 의미합니다.

그러므로 지혜를 받고 갔어도 자신에게 주는 징계의 말씀으로 받아서 마음에 심어야 하는데 그러하지 않았기에 전하는 말은 하나님의 뜻을 이루지 못하는 거짓을 말하는 것이 되는 것입니다.

내 혼이 나갔구나 : 그가 말할 때에 일어나는 것을 말합니다.

그가 하는 말이 예수를 증거하는 말이 아니라는 말입니다.

(행 5:5)

아나니아가 이 말을 듣고 엎드러져 혼이 떠나니 이 일을 듣는 사람이 다 크게 두려워하더라

이 말을 듣고 엎드러져 : 말씀 앞에서 자신의 생각이 그릇됨을 알았다는 것입니다.

혼이 떠나니 : 자신의 생각이 죽은 것을 말합니다.

두려워하더라 : 말씀을 깨달아 행하는 것이 자신의 생각을 죽이는 것임을 알고 어려우니 두려운 것이며 또한 자신의 생각을 버리지 못함으로 구원을 받지 못하는 것이 아닌가 하여 두려운 것입니다.

다시 본문을 보시면

내가 그를 찾아도 못 만났고 불러도 응답이 없었노라 : 징계와 훈계의 말씀으로 받아서 자신의 심령을 정결하게 사용해야 하는데 행하지 않았다는 말입니다.

예수 그리스도와 함께하지 않는다는 말입니다.

말씀은 우리로 하여금 오라 하십니다.

(사 1:18)

여호와께서 말씀하시되 오라 우리가 서로 변론하자 너희의 죄가 주홍 같을지라도 눈과 같이 희어질 것이요 진홍 같이 붉을지라도 양털 같이 희게 되리라

변론하자 : 자신의 생각이 옳은지 하나님의 말씀이 옳은지 따져 보라 하십니다.

말씀 앞에서는 너희의 죄가 주홍(헛된 곳에 피 흘렸다는 것이 완전히 드러나) 같을지라도 눈과 같이 희어질 것이요(말씀을 받아 행하면 마음이 정결해질 것이요)

붉을지라도 : 피를 헛된 곳에 흘림이 드러나도

양털 같이 희게 되리라 : 하나님을 의지하여 받은 말씀으로 정결하게 되리라

7. 성 안을 순찰하는 자들이 나를 만나매 나를 쳐서 상하게 하였고 성벽을 파수하는 자들이 나의 겉옷을 벗겨 가졌도다

성 안 : 말씀 한 절 한 절을 깨달아 쌓아 건축한 심령이 되어야 합니다. 본 절에서는 선민이라 생각하며 율법을 자신의 생각대로 행위로 지키면서 거룩한 척하는 자의 심령을 말합니다.

(아 3:3)
성 안을 순찰하는 자들을 만나서 묻기를 내 마음으로 사랑하는 자를 너희가 보았느냐 하고

순찰하는 자 : 율법 지킴이를 말하며 율법사이며 선민이라고 나타내는 자를 말합니다.

(단 4:13)
내가 침상에서 머리 속으로 받은 환상 가운데에 또 본즉 한 순찰자, 한 거룩한 자가 하늘에서 내려왔는데

다니엘서에서 순찰자는 거룩한 자라고 하며 곧 새로운 공의인 성령의 법을 말합니다.
그래서 하나님의 구원의 법이 펼쳐져 있는 하늘에서 내려왔다고 하십니다.

다시 본문을 보시면
나를 만나매 나를 쳐서 상하게 하였고 : 율법사가 예수를 만나매 곧 예수께서 너희는 죽는 길로 가고 있으니 깨달으라 하니 그들은 자기가 옳다고 주장하며 예수를 십자가에 다는 것 곧 말씀을 깨닫지 못하고 그저 죽는 길로 가고 있는 것입니다.

오늘날도 마찬가지 우리들이 그들과 같지 않는가를 생각해야 합니다.

성벽을 파수하는 자들 : 율법을 행위로 지키는 자가 율법을 행위로 지키라고 전하는 자들

나의 겉옷을 벗겨 가졌도다 : 예수께서 입고 있던 겉옷을 벗겨 가졌다고 합니다.

겉옷이란 자신이 말씀을 따름으로 나타나는 모습을 말합니다.

예수의 겉옷은 자기 십자가 지는 것을 말합니다.

벗겼다는 것은 파수하는 자들의 임의대로 곧 각자 생각대로 자기 십자가 지는 것을 하고자 하였다는 것입니다.

가졌다는 것은 각자 생각대로 행하였다는 말입니다.

(시 22:18)
내 겉옷을 나누며 속옷을 제비 뽑나이다

겉옷을 나누며 : 자기 십자가 지는 것을 각자 형편에 맞는 행위로 희생을 하였다는 말입니다.

속옷을 제비 뽑나이다 : 각자 깨달은 것은 하나님이 깨닫게 해주신 것이라고 하면서 자신은 하나님의 뜻을 따른다고 합니다.

(요 19:24)
군인들이 서로 말하되 이것을 찢지 말고 누가 얻나 제비 뽑자 하니 이는 성경에 그들이 내 옷을 나누고 내 옷을 제비 뽑나이다 한 것을 응하게 하려 함이러라 군인들은 이런 일을 하고

군인이라 함은 자기 생각을 논리적으로 주장하는 자를 말합니다.

하나님 말씀을 받아 세상에 마음을 빼앗기지 않을 깨달음을 가진 자가 군인이며 병사가 되어야 합니다. 그리스도의 병사가 되어야 합니다.

내 옷을 나누고 : 겉옷을 말하며 즉, 자기 십자가는 누구나 질 수 있는 것입니다.

내 옷을 제비 뽑나이다 : 속옷을 말하며 즉, 자기 부인은 하나님의 말씀으로 가능한 것입니다.

또한 각자 깨달은 것은 누구나 하나님의 뜻이라고 주장한다는 말입니다.

8. 예루살렘 딸들아 너희에게 내가 부탁한다 너희가 내 사랑하는 자를 만나거든 내가 사랑하므로 병이 났다고 하려무나

예루살렘의 딸들에게 부탁을 하는 것은 이들이 새 예루살렘에 이미 있기 때문입니다.

사도와 같은 이들은 새 예루살렘 이전의 예루살렘에도 들어 있으며 아울러 새 예루살렘에도 들어있습니다.

예루살렘에 대한 말씀을 보시면

(갈 4장)

25. 이 하갈은 아라비아에 있는 시내 산으로서 지금 있는 예루살렘과 같은 곳이니 그가 그 자녀들과 더불어 종 노릇 하고

이 하갈은 아라비아(광야, 마른 땅)에 있는 시내 산(율법)으로서 지금 있는 예루살렘(율법을 행위로 지키는 자신)과 같은 곳입니다.
그가 그 자녀들과 함께 예루살렘에서 율법을 행위로 지키려고 하나 지키지 못함으로 율법에 매인 종으로 살았던 것입니다.

26. 오직 위에 있는 예루살렘은 자유자니 곧 우리 어머니라

하늘에 있는 곧 하나님의 구원의 법으로서 내려오는 예루살렘이라는 것입니다.
자신이 행위로 지키려고 하는 것이 아닌 하나님께 구하여 받은 말씀으로 지은 심령 곧 예루살렘은 메이지 않는 자유자인 것입니다.
자유자인 자신을 낳았으니 어머니인 것입니다.
즉, 성령의 인도함(성령의 법)으로 낳아졌다는 것입니다.

(계 21:2)
또 내가 보매 거룩한 성 새 예루살렘이 하나님께로부터 하늘에서 내려오니 그 준비한 것이 신부가 남편을 위하여 단장한 것 같더라

깨달은 것은 거룩한 성 새 예루살렘이 하나님께로부터 하늘에서 내려오는데 그 예비 된 것이 신부가 남편을 맞이하기 위하여 어떻게 심령을 단장해야 하는지를 가르쳐 주는 것 같았다고 합니다.
거룩함에 나아가게 하는 자기를 부인하게 하는 것이 성령의 법이기 때문입니다.

성령의 법을 받은 새 예루살렘에 있는 하나님을 향할 자들을 낳을 자인 딸들에게 빛을 찾는 자 곧 자신이 죽는 길로 가고 있음을 인지하는 자를 만나거든 예수 그리스도로 말미암아 구원을 받을 수 있음을 전해달라는 말입니다.

다시 본문을 보시면

내가 사랑하므로 병이 생겼음이라 : 예수 그리스도께서 사랑한다고 합니다.

죽는 길로 가고 있는 자가 안타까워 사랑하시는 것이 아니라 빛을 찾아다니는 자를 보시고 즉, 중심을 보시고 마음이 하나님을 향하고자 하는 자들을 사랑하시는 것입니다.

그러므로 병이 생겼다는 것은 하나님의 뜻을 이루시려고 우리들의 죄를 지고 십자가에서 죽으심을 말하는 것입니다.

(요 1:29)

이틀날 요한이 예수께서 자기에게 나아오심을 보고 이르되 보라 세상 죄를 지고 가는 하나님의 어린 양이로다

세상 죄를 지고 가는 하나님의 어린 양이로다 : 세상에 마음을 빼앗기고 있는 우리들의 죄를 대속하기 위하여 오시어 하나님의 뜻을 이루고자 자신을 우리들에게 본을 보이시려고 하나님께 드린 어린 양이로다

어린 양이란 하나님을 의지하고자 하나 아직 지혜가 부족한 우리들을 말합니다.

- 예루살렘 딸들의 노래 -

9. 여자들 가운데에 어여쁜 자야 너의 사랑하는 자가 남의 사랑하는 자보다 나은 것이 무엇인가 너의 사랑하는 자가 남의 사랑하는 자보다 나은 것이 무엇이기에 이같이 우리에게 부탁하는가

예수께서도 제자들을 낳는 자이므로 여자라 표현합니다.

어여쁜 자야 : 하나님께 속한 곧 하나님의 뜻을 이루고자 하는 자야

너의 사랑하는 자 : 예수께서 사랑하는 자는 죄인임을 자복한 자이며 하나님을 의지하는 자입니다.

남의 사랑하는 자 : 율법을 행위로 지키는 자를 따르는 자가 사랑하는 자는 그들의 이웃이며 형제인 선민입니다.

너의 사랑하는 자가 남의 사랑하는 자보다 나은 것이 무엇인가라고 하는 말은 하나님의 뜻을 알고서 따르느냐 하시는 것입니다.

즉, 구원을 받는 길로 가는 것이 '나은 것'입니다.

성령의 법을 받은 새 예루살렘에 있는 하나님을 향할 자들을 낳을 자인 딸들에게 빛을 찾는 자 곧 자신이 죽는 길로 가고 있음을 인지하는 자를 만나거든 예수 그리스도로 말미암아 구원을 받을 수 있음을 전해달라는 말입니다.

- 예수께서 예루살렘 여자들에게 하는 노래 -

10. 내 사랑하는 자는 희고도 붉어 많은 사람 가운데에 뛰어나구나

예수께서 사랑하는 자인 지혜자는 구하여 받은 지혜로 말미암아

자신의 심령을 정결하게 하며 또한 하나님을 향하여 피 흘리는 길 곧 자기 십자가 지고 자기 부인의 길을 가고 있기에 구원을 받는 길을 가고 있다고 하십니다.

희고도 : 거룩함을 향하여 가고 있다.

붉어 : 하나님을 향하여 피 흘리는 길을 가고 있다.

11. 머리는 순금 같고 머리털은 고불고불하고 까마귀 같이 검구나

지혜자의 머리는 온전한 열매를 맺기에 충분할 것 같은 순금 같고 지혜자가 받아 가진 말씀인 머리털은 고불고불 곧 길고 풍성하고 하나님의 진리의 말씀을 전하는 까마귀 같이 검구나

(왕상 17:4)
그 시냇물을 마시라 내가 까마귀들에게 명령하여 거기서 너를 먹이게 하리라

검다는 것은 제사장이 나병을 진단하는 과정에서의 털 색깔의 의미입니다.

누런 털은 부정하고 검은 털은 정한 털을 의미합니다.

또한 검다는 것은 죄를 자복한 것을 말하며 죄를 자복한 자는 하나님을 의지하는 자이며 하나님은 경건한 자라 하십니다.

그러므로 검다는 것은 자신의 죄를 깨닫게 하는 말씀을 검은 털이라고 하는 것입니다.

흰털은 거룩함을 나타내는 것이며 자신이 드러내는 흰털은 교만

을 말합니다.

지혜자의 머리가 이렇다고 말씀하는 이유는 그리스도를 머리로 삼고 있기 때문입니다.

(고전 11:3)

그러나 나는 너희가 알기를 원하노니 각 남자의 머리는 그리스도요 여자의 머리는 남자요 그리스도의 머리는 하나님이시라

말씀을 구하여 받아서 전할 자는 남자이며 말씀을 받아서 행할 자는 여자입니다.

12. 눈은 시냇가의 비둘기 같은데 우유로 씻은 듯하고 아름답게도 박혔구나

눈은 성경에서 마음을 의미합니다.

마음이 시냇가 곧 살아 있는 흐르는 말씀을 따르는 것 곧 성령이 온전히 함께하시는 것과 같다고 합니다.

우유로 씻은 듯하고 : 마음을 우유로 씻었다고 합니다.

소에게서 나는 젖으로 씻었다는 것은 하나님의 말씀으로 자신의 심령을 정결하게 하는 일을 하였다는 말입니다.

아름답게도 박혔구나 : 마음에 박혔다는 것은 마음에 새겨졌다는 것 곧 말씀을 따라 행하였다는 것입니다.

아름답다는 것은 하나님의 뜻을 이루기에 합당하다는 말입니다.

13. 뺨은 향기로운 꽃밭 같고 향기로운 풀언덕과도 같고 입술은 백합화 같고 몰약의 즙이 뚝뚝 떨어지는구나

뺨 : 하나님 말씀을 받은 지혜자의 말씀에 대한 반응 곧 전하고 행함의 모습을 말합니다.

꽃밭 같다는 것은 열매를 맺을 수 있는 곧 많은 제자들을 낳을 것이라는 말씀입니다.

향기로운 풀언덕 : 그리스도의 향기를 낼 수 있는 지혜를 하나님께 구하고자 하는 마음

입술 : 하나님의 말씀을 구체적으로 전하고 행하는 것

백합화 : 입으로 내는 말씀이 예수 그리스도를 증언하는 말씀을 전하는 자

몰약의 즙이 뚝뚝 떨어지는구나 : 예수께서 사람의 몸을 입고 오시어 자신을 십자가에 달아 성령과 함께 세상에 구원의 향기를 발하게 할 것을 말하는 것입니다.

그러므로 몰약의 역할을 할 수 있도록 하는 자기 부인을 하게 하는 성령의 법을 전하였다는 말입니다.

14. 손은 황옥을 물린 황금 노리개 같고 몸은 아로새긴 상아에 청옥을 입힌 듯하구나

손 : 구하여 받은 말씀을 가짐을 말합니다.

황옥을 물린 황금 노리개 같고 : 구하여 받은 말씀은 부정한 자를 정하게 하여 열매를 맺게 하는 말씀인 황옥을 물린 황금 노리개 같고

몸 : 그리스도가 머리인 자신 곧 영육이 연합된 자

아로새긴 상아에 청옥을 입힌 듯 : 상아는 희다는 의미이며 곧 정결함을 위하여 생명으로 이끄시는 하나님의 말씀을 따른다는 것입니다.

15. 다리는 순금 받침에 세운 화반석 기둥 같고 생김새는 레바논 같으며 백향목처럼 보기 좋고

다리 : 하나님의 말씀을 행하는 모습을 말합니다.

순금 받침에 세운 : 온전한 열매를 맺게 하는 말씀의 바탕 위에 서 있다는 것입니다.

화반석 기둥 같고 : 화반석은 홍백색의 무늬가 있는 푸른색의 돌입니다.

다리가 화반석 같다는 것은 말씀을 따라 행함이 홍색인 하나님을 향하여 피 흘리는 길을 가는 것이며 백색인 거룩함을 위하여 행한다는 말입니다.

생김새는 레바논 같으며 : 말씀을 따라 행함으로 자신의 심령이 거룩한 성전이 될 것이라는 의미입니다.

백향목처럼 보기 좋고 : 자신의 심령이 성전이 되는 것은 하나님의 뜻을 이루는 것이라는 말입니다.

거룩한 성전이 그리스도의 몸입니다.

(엡 4:12)
이는 성도를 온전하게 하여 봉사의 일을 하게 하며 그리스도의 몸을 세우려 하심이라

성령께서 어떤 사람은 사도로, 선지자로, 복음 전하는 자로, 목사와 교사로 삼으신 이유는 자신이 영육이 연합하여 곧 그리스도를 머리로 삼아 세상과 구별된 자가 되게 하여 자신의 심령을 정결하게 하는 일을 하게 하여 그리스도의 몸을 세우려 하심이라 하십니다.

16. 입은 심히 달콤하니 그 전체가 사랑스럽구나 예루살렘 딸들아 이는 내 사랑하는 자요 나의 친구로다

입 : 말씀을 따름으로 나타나는 자신의 생각과 행위의 모두를 말합니다.

심히 달콤하니 : 모든 생각과 행위가 오직 영을 살리는 하나님의 말씀을 따른다는 것입니다.

그 전체가 사랑스럽구나 : 모든 생각과 행위가 말씀만을 따르는구나

예루살렘 딸들아 : 심령 중심에서 하나님을 향할 자를 낳을 자들아

내 사랑하는 자요 : 예수께서 사랑하는 자는 예수께서 주신 계명을 지키는 자이며 예수의 사랑을 입은 자입니다.

(요 14:21)
나의 계명을 지키는 자라야 나를 사랑하는 자니 나를 사랑하는 자는 내 아버지께 사랑을 받을 것이요 나도 그를 사랑하여 그에게 나를 나타내리라

다시 본문을 보시면

지혜자를 친구라 하십니다. 함께 구원의 길 곧 고난의 길을 가야 함을 말합니다.

지혜자를 '것 같다', '듯하다'라고 표현되어 있습니다.

아직은 아니라는 말입니다.

6장

– 예루살렘 여자들의 노래 –

1. 여자들 가운데에서 어여쁜 자야 네 사랑하는 자가 어디로 갔는가 네 사랑하는 자가 어디로 돌아갔는가 우리가 너와 함께 찾으리라

예수께서도 제자들을 낳을 자이므로 여자라 표현합니다.

어여쁜 자야 : 하나님께 속한 곧 하나님의 뜻을 이루고자 하는 자야

네 사랑하는 자 : 지혜자 곧 예수께서 사랑하는 자는 죄인임을 자복한 자이며 하나님을 의지하는 자입니다.

지혜자가 어디로 갔는지 어디로 돌아갔는지 찾으리라

– 예수 그리스도의 노래 –

2. 내 사랑하는 자가 자기 동산으로 내려가 향기로운 꽃밭에 이르러서 동산 가운데에서 양 떼를 먹이며 백합화를 꺾는구나

예수께서 지혜자를 찾았습니다.

지혜자가 자기 동산으로 내려갔다는 것은 자기 십자가를 졌다는 뜻입니다.

향기로운 꽃밭 : 하나님의 말씀을 받는 중에 있다는 말이며 받은 말씀으로 열매를 맺을 수 있는 상태인 꽃을 피웠다는 말입니다.

양 떼를 먹이며 백합화를 꺾고 있다 : 예수님의 명령 가운데서 예수님의 말씀을 따라 제자를 삼고 있다는 것입니다.

3. 나는 내 사랑하는 자에게 속하였고 내 사랑하는 자는 내게 속하였으며 그가 백합화 가운데에서 그 양 떼를 먹이는도다

(요일 4:16)
하나님이 우리를 사랑하시는 사랑을 우리가 알고 믿었노니 하나님은 사랑이시라 사랑 안에 거하는 자는 하나님 안에 거하고 하나님도 그의 안에 거하시느니라

우리를 살리시려고 아들을 보내어 십자가에서 대속함으로 우리를 구원의 길을 가도록 하신 것은 우리가 잘해서가 아닌 하나님의 사랑으로 인함을 우리가 깨닫고 하나님을 의지하게 되었으니 구하여 받은 지혜를 따르는 자가 하나님 안에 거하는 것이며 자신의 심령이 하나님이 계시는 전이 되는 것입니다.

백합화 가운데에서 : 예수 그리스도를 따르는 길에서, 예수 그리스도 안에서 곧 성령의 법을 따름으로

양 떼를 먹이는도다 : 구하여 받은 지혜를 하나님을 향하는 자에게 전한다는 것입니다.

4. 내 사랑아 너는 디르사 같이 어여쁘고, 예루살렘 같이 곱고, 깃발을 세운 군대 같이 당당하구나

디르사 : '기쁨', 이방인으로 지혜 받은 자를 일컫는 말입니다.

어여쁘고 : 하나님께 속한 곧 하나님의 뜻을 이루고자 하고

예루살렘 같이 곱고 : 거룩한 성인 예루살렘에 거하는 자들과 같이 하나님의 뜻을 이루고자 하고 있다.

깃발을 세운 군대 같이 당당하구나 : 군인이라 함은 자기 생각을 논리적으로 주장하는 자를 말합니다.

하나님 말씀을 받아 세상에 마음을 빼앗기지 않을 깨달음을 가진 자가 군인이며 병사가 되어야 합니다. 그리스도의 병사가 되어야 합니다.

그러므로 깨달음을 많이 받은 자가 군대가 되며 세상에 마음을 빼앗기지 않는 승리의 깃발을 세울 수 있는 것입니다.

5. 네 눈이 나를 놀라게 하니 돌이켜 나를 보지 말라 네 머리털은 길르앗 산 기슭에 누운 염소 떼 같고

4장 내용의 반복입니다.

(아 4:1)
내 사랑 너는 어여쁘고도 어여쁘다 너울 속에 있는 네 눈이 비둘기 같고 네 머리털은 길르앗 산 기슭에 누운 염소 떼 같구나

네 눈이 나를 놀라게 하니 돌이켜 나를 보지 말라 : (아 4:1)의 '너울 속에 있는 네 눈이 비둘기 같고'인 상태이기에 예수께서 기뻐하신다는

표현입니다.

지혜자의 눈은 '마음'을 말합니다.
지혜자의 마음은 지혜를 받아야 하니 곧 성령의 법을 받아야 하니 예수께서 보내신 성령의 인도함을 받으라는 말입니다.

(요 14:26)
보혜사 곧 아버지께서 내 이름으로 보내실 성령 그가 너희에게 모든 것을 가르치고 내가 너희에게 말한 모든 것을 생각나게 하리라

다시 본문을 보시면
너울 속 : 말씀을 받아서 행할 자이므로 너울 속에 있는 것입니다.
너울이란 모세가 자기 얼굴을 가렸던 수건을 말합니다.
모세가 율법을 받았을 때처럼 성령의 법을 지혜자가 받아야 하기 때문입니다.
말씀을 받을 때는 여자가 되는 것입니다.
그래서 여자는 너울 속에 있는 것입니다.

(고전 11:5)
무릇 여자로서 머리에 쓴 것을 벗고 기도나 예언을 하는 자는 그 머리를 욕되게 하는 것이니 이는 머리를 민 것과 다름이 없음이라
말씀을 받아 행할 자인 여자가 머리에 쓴 것을 벗는다는 것은 하나님께 받은 말씀이 아니라 자신의 생각대로 행하는 것을 말합니다.
자신의 생각대로 구하는 기도와 받았다고 생각한 말씀을 전하는 것은 자신의 머리인 남자 곧 그리스도께 받은 말씀이 아니라는 말입니다.

머리를 민 것과 같다는 것은 그리스도를 또한 그리스도와 연합되기를 거부한 것과 같다는 말입니다. 즉, 말씀을 배척하는 것과 같습니다.

다시 본문을 보시면
머리털은 말씀을 받아 자라는 지혜를 의미하며 머리털이 염소 떼 같다는 것은 풍부한 지혜를 받았다는 의미입니다.
염소 떼란 죄를 자복한 염소가 많다는 것이며 자신의 생각들이 받은 지혜로 말미암아 깨달아 하나님을 향하여 돌이켰다는 의미입니다.
그 염소 떼가 길르앗 산 기슭에 누웠다고 합니다.
길르앗 : 증거의 무더기, 울퉁불퉁한 즉, 우리들의 삶에서 말씀으로 인하여 깨달아 하나님께 돌이키는 것의 반복을 의미합니다.

6. 네 이는 목욕하고 나오는 암양 떼 같으니 쌍태를 가졌으며 새끼 없는 것은 하나도 없구나

4장 내용의 반복입니다

(아 4:2)
네 이는 목욕장에서 나오는 털 깎인 암양 곧 새끼 없는 것은 하나도 없이 각각 쌍태를 낳은 양 같구나

이 : 윗니와 아랫니 곧 맷돌의 위짝과 아래짝은 말씀인 곡식을 갈아 떡을 만들 수 있는 가루로 만드는 것입니다. 맷돌과 같은 의미입

니다.
맷돌의 위짝은 지혜를 주시는 하나님이시며 아래짝은 지혜를 받는 지혜자를 뜻합니다.
맷돌로 곡식을 갈아 곧 지혜자가 풀어내는 말씀을 전하여 먹일 떡을 만드는 재료인 고운 가루를 내는 것입니다.
말씀을 받아서 행하여 자신의 삶에 적용한 상태가 고운 가루가 되는 것입니다.
그러므로 우리들에게 맷돌 소리가 늘 있어야 하는 것입니다.

(렘 25:10)
내가 그들 중에서 기뻐하는 소리와 즐거워하는 소리와 신랑의 소리와 신부의 소리와 맷돌 소리와 등불 빛이 끊어지게 하리니

(사 47:2)
맷돌을 가지고 가루를 갈고 너울을 벗으며 치마를 걷어 다리를 드러내고 강을 건너라
이사야에서는 바벨론을 심판하시는 말씀입니다.
바벨론은 지혜를 구하여 받는다고 하면서 맷돌을 취하여 가루로 만들고 곧 자기 생각대로 이론을 만들고 하나님의 말씀을 행하지는 않고 지혜를 많이 받았다고 자신을 나타내고자 하여 너울을 벗으며 치마를 걷어 자신의 행위를 겉으로 드러내고자 다리를 드러내고 있기에 심판하신다고 합니다.

그리스도를 따르는 자들에게 적용되는 말씀으로 보시면
맷돌을 가지고 가루를 갈고 : 하나님의 말씀을 구하여 받아서 행하는 것입니다.

너울을 벗으며 : 말씀을 받아 행하여 가루로 만들었으니 이제는 전하는 자가 되어야 함을 말합니다.

치마를 걷어 다리를 드러내고 : 치마를 걷는다는 것은 말씀의 인도함을 받지 않는다는 것이며 다리를 드러내는 것은 자기 생각대로 행한다는 말입니다.

강을 건너라 : 지금까지 자기 생각으로 따르던 말씀이라고 하는 이론을 버리라

'이'에 대한 말씀을 보시면

(마 25:30)
이 무익한 종을 바깥 어두운 데로 내쫓으라 거기서 슬피 울며 이를 갈리라 하니라

무익한 종은 어두운 세상에 속한 자이며 자신의 생각이 무엇이 그릇된 것인가를 깨닫지 못하여 옳다고 주장하는 것을 말합니다.
바깥 어두운 데로 쫓겨나는 이유를 모르기에 슬피 우는 것입니다.

이를 갈리라 : 자기 생각이 그릇됨을 깨닫지 못하여 떠드는 것을 말합니다.

다시 본문을 보시면

목욕하고 나오는 암양 떼 같으니 : (아 4:2)의 '목욕장에서 나오는 털 깎인 암양' 하나님 말씀으로 씻은 곧 자신의 생각인 털을 깎아 하나님을 향할 자인 양을 낳을 자인 암 양을 말하며 거듭남을 뜻하는 것입니다.

털 깎인 : 목욕하고, 이전의 자기를 부인했다는 뜻입니다.

자기가 가지고 있던 모든 것을 버리고 말씀을 새로 받았다는 뜻입니다.

털은 말씀을 의미하며 자신의 생각대로 가진 말씀도 털로 표현합니다.

(창 27:11)
야곱이 그 어머니 리브가에게 이르되 내 형 에서는 털이 많은 사람이요 나는 매끈매끈한 사람인즉

털이 많은 : 자기 생각이 많은

매끈매끈한 : 자기주장을 하지 않는

다시 본문을 보시면

새끼 없는 것은 하나도 없이 : 뿌려질 씨가 모두 하나님을 향할 자들을 낳을 수 있는 말씀을 가진 자라는 뜻입니다.

쌍 태를 낳은 양 같구나 : 하나님을 의지하여 받은 깨달음으로 영육이 연합된 자가 되었구나

쌍 태란 성전(심령이 하나님이 계신 성전)의 두 기둥 곧 영육이 연합됨을 말합니다.

7. 너울 속의 네 뺨은 석류 한 쪽 같구나

너울 속 : 말씀을 받아서 행할 자이므로 너울 속에 있는 것입니다.

너울이란 모세가 자기 얼굴을 가렸던 수건을 말합니다.

모세가 율법을 받았을 때처럼 성령의 법을 지혜자가 받아야 하기 때문입니다.

말씀을 받을 때는 여자가 되는 것입니다.

그래서 여자는 너울 속에 있는 것입니다.

(고전 11:5)

무릇 여자로서 머리에 쓴 것을 벗고 기도나 예언을 하는 자는 그 머리를 욕되게 하는 것이니 이는 머리를 민 것과 다름이 없음이라

말씀을 받아 행할 자인 여자가 머리에 쓴 것을 벗는다는 것은 하나님께 받은 말씀이 아니라 자신의 생각대로 행하는 것을 말합니다.

자신의 생각대로 구하는 기도와 받았다고 생각한 말씀을 전하는 것은 자신의 머리인 남자 곧 그리스도께 받은 말씀이 아니라는 말입니다.

머리를 민 것과 같다는 것은 그리스도를 또한 그리스도와 연합되기를 거부한 것과 같다는 말입니다. 즉, 말씀을 배척하는 것과 같습니다.

다시 본문을 보시면

빰은 석류 한 쪽 : 빰이란 마음속에 품은 하나님의 말씀에 대한 자신의 반응을 말합니다.

빰이 석류 한 쪽 같다는 것은 예수께서 흘리신 붉은 피와 같다는 것이며 예수를 따르는 곧 자기 십자가 지고 자기 부인하는 피 흘리는 자의 모습이라는 것입니다.

석류의 속은 홍색입니다.

(잠 31:21)
자기 집 사람들은 다 홍색 옷을 입었으므로 눈이 와도 그는 자기 집 사람들을 위하여 염려하지 아니하며

홍색 옷이 홍색 실로 지은 옷입니다.

'실'이란 옷(삶에서 나타나는 자신의 모습)을 지을 수 있는 재료이며 말씀 한 절 한 절을 의미합니다.

자신의 생각을 버릴 수 있는 피를 흘릴 수 있는 말씀 한 절 한 절을 따름으로 예수를 증거하는 삶을 의미입니다.

– 지혜자의 노래 –

8. 왕비가 육십 명이요 후궁이 팔십 명이요 시녀가 무수하되

왕비란 왕을 따르는 자를 낳을 자를 말합니다.

성경에서 '아내'란 남편의 말씀을 받아 행할 자를 말하며 남편을 돕는 자가 되는 것입니다.

왕은 그리스도와 더불어 왕이 된 자 곧 지혜자를 말합니다.

또한 그리스도와 더불어 왕이 된 자는 그리스도가 머리이므로 그리스도가 왕이 되는 것입니다.

즉, 그리스도가 머리가 된 지혜자가 왕이 되는 것입니다.

육십이란 (아 3:7)의 '용사 중 육십 명'과 같은 의미입니다.

'용사'란 세상 것에 마음을 빼앗기지 않게 하는 지혜를 가진 자를 말하며 '육십'이란 하나님의 계획에 의하여 자신이 부정함을 깨달았다는 것이며 즉, 자신의 부정함을 깨달아서 하나님을 의지하여 받은 지혜를 가진 자가 '용사 중 육십'이라는 말입니다.

후궁이란 왕을 간접적으로 돕는 자를 말합니다.
팔이라는 수는 마음의 할례를 받은 자, 구원 받는 길로 들어선 자를 뜻하는 수입니다.
하나님의 계획에 따라 마음의 할례를 받은 곧 거듭난 자가 '팔십'이 되는 것입니다.
왕비, 후궁이 모두 그리스도의 포도원을 가꾸는 돕는 자이며 왕을 따르는 자를 낳을 자들입니다.

(스 2:11)
모르드개가 날마다 후궁 뜰 앞으로 왕래하며 에스더의 안부와 어떻게 될 지를 알고자 하였더라

왕비가 하는 일을 어떻게 무엇으로 도울까 도모하는 것입니다.
그래서 후궁 뜰 앞으로 왕래하는 것입니다.

다시 본문을 보시면
시녀가 무수하다는 것은 하나님을 향할 자를 낳는 일을 도움을 주는 자를 말합니다.

9. 내 비둘기, 내 완전한 자는 하나뿐이로구나 그는 그의 어머니의 외딸이요 그 낳은 자가 귀중하게 여기는 자로구나 여자들이 그를 보고 복된 자라 하고 왕비와 후궁들도 그를 칭찬하는구나

내 비둘기 : (아 2:14)에는 '나의 비둘기'라고 표현하고 있으며, 그 외에는 (아 1:15)에는 '비둘기 같구나', (아 5:12)에는 '비둘기 같은데'라고 합니다.

예수께서 지혜자에 관하여는 '비둘기 같구나'이고 지혜자가 예수나 성령을 대할 때는 '나의 비둘기'라고 표현하고 있는 것입니다.

내 완전한 자는 하나뿐이로구나 : 나를 완전하게 하실 이는 예수 그리스도뿐입니다.

성경이 모두 예수를 증언하고 있다는 것을 지혜자는 알고 있다는 뜻입니다.

(요 5:39)
너희가 성경에서 영생을 얻는 줄 생각하고 성경을 연구하거니와 이 성경이 곧 내게 대하여 증언하는 것이니라

다시 본문을 보시면

그는 그의 어머니의 외딸이요 : 그는 예수입니다.

성령으로 잉태하셨으므로 어머니는 성령이 되며 외딸이라고 하는 것은 예수께서는 제자들을 낳을 자이기 때문입니다.

예수를 영접해야지만 하나님의 뜻인 구원을 받을 수 있기에 예수는 하나님의 외아들이 됩니다.

그 낳은 자가 귀중하게 여기는 자로구나 : 성령이 귀중히 여기는 자는 예수입니다.

(아 7:1)에 '귀한 자의 딸아' 에서 '귀한 자'란 예수를 가리킵니다.

결국 귀하다는 것은 '예수로 말미암아 구원을 받을 수 있다'라는 말입니다.

(눅 19:12)
이르시되 어떤 귀인이 왕위를 받아가지고 오려고 먼 나라로 갈 때에

어떤 귀인은 예수입니다.

다시 본문을 보시면

여자들이 그를 보고 복된 자라 하고 : 예수 그리스도를 복음이라고 말하고 있다는 것입니다.

복음이란 영을 살릴 수 있는 말씀을 의미합니다.

왕비와 후궁들도 그를 칭찬하는구나 : 하나님을 향할 자를 낳을 자이며 돕는 자들이 예수 그리스도를 따름으로 복을 받는다는 것을 깨달았다는 말입니다.

성경 모두는 예수를 증언하고 있음을 말하며 예수로 말미암아 구원을 받을 수 있음을 말하는 것입니다.

지혜자는 우리들이 되어야 하며 칭찬을 받을 수 있는 자가 아닙니다.

우리들이 자랑할 것은 십자가뿐입니다.

(갈 6:14)
그러나 내게는 우리 주 예수 그리스도의 십자가 외에 결코 자랑할 것이 없으니 그리스도로 말미암아 세상이 나를 대하여 십자가에 못 박히고 내

가 또한 세상을 대하여 그러하니라

– 예루살렘 여자들의 노래 –

10. 아침 빛 같이 뚜렷하고 달 같이 아름답고 해 같이 맑고 깃발을 세운 군대 같이 당당한 여자가 누구인가

아침 빛 같이 뚜렷하고 : 하나님께서 주신 율법이 아침에 비추는 빛입니다.

아침은 일을 할 때를 말합니다.

하나님의 말씀의 빛을 받아서 자신의 심령을 정결하게 하는 것이 우리들의 일입니다.

뚜렷하고 : 예수로 말미암아 구원의 소망을 이룰 수 있음을 뜻합니다.

(고전 13:12)

우리가 지금은 거울로 보는 것 같이 희미하나 그 때에는 얼굴과 얼굴을 대하여 볼 것이요 지금은 내가 부분적으로 아나 그 때에는 주께서 나를 아신 것 같이 내가 온전히 알리라

율법을 행위로 지키는 것으로 구원을 받으려고 하나 구원을 받을 수가 없기에 희미한 것이며 예수 그리스도로 말미암아 구원을 받는다는 것을 조금은 아나 성령의 법을 받았을 때에는 하나님께 구하여 지혜를 받아 자신의 심령을 정결하게 하기에 하나님을 볼 것이며 예수 그리스도를 따르면 구원을 받는다는 것을 온전히 알 것이라 하십니다.

다시 본문을 보시면

달 같이 아름답고 : 달은 예수 그리스도의 가르침을 지칭합니다.

밤인 세상에 속한 우리들 심령을 관리하고 다스리는 곧 주관하는 작은 광명체 또한 달입니다.

(창 1:16)
하나님이 두 큰 광명체를 만드사 큰 광명체로 낮을 주관하게 하시고 작은 광명체로 밤을 주관하게 하시며 또 별들을 만드시고

다시 본문을 보시면

따라서 달 같다는 것은 예수 그리스도를 따르는 자라는 것입니다.

예수께서 가신 길을 자기를 부인하고 자기 십자가를 지고 따라가는 지혜자는 달 같은 것이며 또한 하나님의 뜻을 따르는 것이므로 '아름답다'라고 하시는 것입니다.

해 같이 맑고 : 하나님이 직접 주신 지혜를 받았으므로 해(큰 광명체) 같이 맑다.

받은 말씀으로 자신의 심령을 정결하게 하는 것입니다.

깃발을 세운 군대 같이 당당한 여자 : 하나님의 말씀을 받아 두려움 없이 당당하게 행하여 이기는 자

깃발을 세운 군대 : 승리를 위하여 전장에 나가는 말씀을 들고 나가는 자를 말합니다.

전장은 자신의 심령에서 말씀과 자신의 생각과의 다툼을 말합니다.

자신의 생각을 버리려니 힘들고 어렵기에 두려운 것이며 또한 버리지 못함으로 구원의 길을 가지 못함에 두려운 것입니다.
두려움을 가지지 말고 자신의 생각을 버리는 것이 당당한 것입니다.

(시 2:11)
여호와를 경외함으로 섬기고 떨며 즐거워할지어다

섬기되, 즐거워하되, 떨며 해야 합니다.
이 떨림이 없는 섬김이나 즐거움은 모두 부자의 마음입니다.
천국은 마음이 가난한 자의 것입니다.

(엡 6:5)
종들아 두려워하고 떨며 성실한 마음으로 육체의 상전에게 순종하기를 그리스도께 하듯 하라

두려워하고 떠는 것은 자신은 구원 받지 못하는 것 아닌가 하는 마음을 항상 갖는 것이며 내 생각들을 지우지 못하는 것을 두려워하는 것인데 하나님은 두려워 말라 하십니다.
하나님의 말씀은 권능이 있으니 두려워 말고 행하라 하십니다.
전하고 행하면 그 후에 내 심령은 정결해지는 것입니다. 그것이 즐거워하는 것입니다.

- 예수 그리스도의 노래 -

11. 골짜기의 푸른 초목을 보려고 포도나무가 순이 났는가 석류나무가 꽃이 피었는가 알려고 내가 호도 동산으로 내려갔을 때에

골짜기의 푸른 초목을 보려고 : 우리들은 늘 세상과 하나님과의 사이 골짜기에 있습니다.
마음이 세상과 하나님과의 경계에 있는 것입니다.
늘 두 마음을 가지고 있다는 것입니다.
골짜기에는 마른 뼈가 가득한 자신의 심령에 하나님을 의지하여 지혜를 받고자 하는 마음이 있기에 푸른 초목이 되는 것입니다.

포도나무가 순이 났는가 : 성경이 모두 예수를 증언하는 것임을 깨달았으면 순이 난 것입니다.
석류나무가 꽃이 피었는가 : 열매를 맺게 할 수 있는 말씀인 그리스도께서 완성하신 성령의 법을 받았으면 열매를 맺을 수 있는 시작인 꽃이 핀 것입니다.
성령의 법을 받은 자가 꽃이 피는 것이며 열매를 맺을 수 있는 자가 되는 것입니다.
포도나무나 석류나무는 자신이 되어야 합니다.
나무에 순이 나고 꽃이 핀다는 것은 아론의 지팡이에 꽃이 피고 살구 열매가 열린 것과 같은 의미입니다.

아론의 지팡이에 대한 말씀을 보시면
(민 17:8)
이튿날 모세가 증거의 장막에 들어가 본즉 레위 집을 위하여 낸 아론의 지팡이에 움이 돋고 순이 나고 꽃이 피어서 살구 열매가 열렸더라
열두 지파의 지팡이를 증거궤 앞에 두었더니 아론의 지팡이에 움이 돋고 순이 나고 꽃이 피어서 살구 열매가 열렸습니다.

지팡이란 하나님의 보호를 의미하는데 우리들을 보호하는 것은 하나님의 말씀입니다.

보호란 우리들이 세상에 마음을 빼앗기지 않도록 징계와 훈계를 하시는 것을 말합니다.

레위 집을 위하여 낸 : 하나님 편에 있는 자의 심령을 위하여 낸 것 곧 구한 것은 제사장 아론에게 주신 지팡이 곧 성령의 법입니다.

다른 지팡이는 행위로만 지키려는 율법을 말합니다.

다시 본문을 보시면

내가 호도 동산으로 내려갔을 때에 : 예수께서 순이 났는가 꽃이 피었는가를 알려고 우리의 심령인 동산에 내려갔을 때에

호도는 알맹이를 매우 단단하게 보호하고 있는 열매입니다.

씨를 단단히 보호하고 있다는 것은 하나님께서 아무나 알 수 없게 하기 위해 말씀을 성경에 숨겨 놓으셨다는 것을 말합니다.

12. 부지중에 내 마음이 나를 내 귀한 백성의 수레 가운데에 이르게 하였구나

부지중 : 예수께서 모르는 중이라는 것은 누구도 알 수 없는 하나님의 계획으로 인한 일이라는 뜻입니다.

그래서 예수께서 그 때는 아무도 모르고 오직 아버지만이 아신다는 말씀을 하신 것입니다.

(마 24:36)
그러나 그 날과 그 때는 아무도 모르나니 하늘의 천사들도, 아들도 모르고 오직 아버지만 아시느니라

다시 본문을 보시면

내 귀한 백성 : 예수로 말미암아 구원을 받을 자, 성령으로 난 자

수레란 우리들의 삶이 하나님의 말씀으로 늘 정결하게 하는 것의 반복함을 의미합니다.

누 지파에 수레가 하나씩 주어졌는데 이것은 예수께서 제자들을 둘씩 보내시는 것과 같은 의미이며 영육이 연합되어 가라는 의미입니다.

가운데에 이르게 하였구나 : 영육이 연합된 우리들의 심령 가운데 예수께서 함께하는 것입니다.

– 예루살렘 여자들의 노래 –

13. 돌아오고 돌아오라 술람미 여자야 돌아오고 돌아오라 우리가 너를 보게 하라 – 전

돌아오고 돌아오라 : 우리들은 늘 세상에 마음을 빼앗기기 쉬운 연약한 자이기에 돌아오라 하는 것입니다.

그래서 새 예루살렘에 있는 자들이 아직 이전 예루살렘에 있는 자에게 돌아오라고 하는 것입니다.

술람미 여자야 : '술람미'란 평화라는 의미이며 '수넴'과 같으며 수넴은 '굴곡의 땅'을 의미합니다. 우리들의 심령이 굴곡의 땅입니다.

여자는 하나님의 말씀을 구하여 받은 남자가 전하는 말씀을 받아 행할 자를 말합니다.

말씀을 받아 깨달아 하나님을 향한 길로 돌이키라고 하십니다.

우리 : 예수와 함께하는 지혜자를 말합니다.

너를 보게 하라 : 예수와 함께하는 지혜자가 전하는 말씀을 따르는 술람미 여자가 돼라.

즉, 나 곧 지혜자와 연합 곧 영육이 연합된 자가 돼라.

- 예수 그리스도의 노래 -

14. 너희가 어찌하여 마하나임에서 춤추는 것을 보는 것처럼 술람미 여자를 보려느냐 - 후

마하나임 : 두 떼 혹은 두 진영이라는 뜻으로 선민들인 갓 지파와 레위 지파에게 분배되었던 땅을 말합니다.

분깃을 받았을 때에 기뻐하는 것으로 끝이 났으나 그리스도의 포도원의 일꾼인 지혜자는 그렇지 않다고 하시는 것입니다.

그래서 계시록의 두 증인이 새 예언을 기록한 작은 두루마리를 입에는 다나 배에서는 쓰게 되는 것입니다.

(계 10:10)

내가 천사의 손에서 작은 두루마리를 갖다 먹어 버리니 내 입에는 꿀 같이 다나 먹은 후에 내 배에서는 쓰게 되더라

작은 두루마리 : 성령의 법

먹어 버리니 : 말씀을 따라 행하니

꿀 같이 다나 : 영을 살리는 말씀임을 깨달아서 기쁘나

배에서 쓰다는 것은 말씀을 받을 때는 기쁘지만 말씀을 행하며 깨달아 가는 과정은 힘들다는 것을 말합니다. 자기 십자가를 져야 한다는 말씀과 같은 것입니다.

다시 본문을 보시면

술람미 여자 : 솔로몬의 지혜를 받은 이방인(하나님의 빛을 찾는 자)

7장

– 예루살렘 여자들의 노래 –

1. 귀한 자의 딸아 신을 신은 네 발이 어찌 그리 아름다운가 네 넓적다리는 둥글어서 숙련공의 손이 만든 구슬 꿰미 같구나

귀한 자의 딸 : 귀한 자란 예수를 말하며 딸이라고 하신 것은 이후로 예수를 따를 자를 낳을 자이기 때문입니다.

신을 신은 네 발 : 하나님께 속해 있는 삶의 여정을 갈 것이라는 표현입니다.
(아 1:9)의 '병거의 준마'처럼 말씀을 받아 행하는 발을 말합니다.

신을 신었다는 것은 세상으로부터 분리되어 있다는 뜻입니다.
세상에 마음을 두지 않음을 말합니다.
모세가 거룩한 곳에 갔을 때 신을 벗은 것은 분리되어 있으면 안 되기에 벗은 것이고 세상에 있을 때는 반드시 신을 신고 세상으로부터 분리되어 있어야 합니다.
구원의 방주나 혹은 바다 위로 다니며 그물 치는 배나 강물 위의 누각 등이 모두 같은 의미입니다.

아름다운가 : 하나님의 뜻을 이루려고 말씀을 따르기에 아름다운 것

입니다.

넓적다리는 맹세를 할 때 손을 얹는 곳입니다.
이것이 둥글다는 것은 하나님의 구원의 언약이 포함되어 있다는 의미입니다.

둥글다는 표현은 반원형의 모양을 가리키는데 대표적인 것이 구원의 언약의 증표인 무지개입니다.
성전기둥의 윗부분을 표현할 때도 둥글다는 표현을 하는데 이것은 절대로 변치 않는 하나님의 구원의 언약이 내재되어 있음을 나타냅니다.

숙련공의 손이 만든 구슬 꿰미 : 숙련공이란 만드는 사람을 말합니다.
사람이 그릇이고 만드는 이는 하나님입니다.
말씀을 받은 것이 하나님이 주신 진리들로 엮여 있다는 뜻입니다.

결국 넓적다리가 둥글고 장색이 만든 구슬 꿰미 같다는 말은 하나님의 구원의 언약의 말씀으로 말미암았다는 표현입니다.
구슬 꿰미 : '꿰미'란 (잠 1:9)의 '사슬'과 같은 의미입니다.
줄줄이 연결되어 있는 것을 말하며 하나님께 늘 구하여 받은 지혜가 많다는 말입니다.

2. 배꼽은 섞은 포도주를 가득히 부은 둥근 잔 같고 허리는 백합화로 두른 밀단 같구나

배꼽은 태에서 떨어져 나온 자리입니다.

배꼽을 말한 것은 태에서 이미 나온 것을 말하는 것이고 그 나온 자리의 모양이 둥근 잔 같다는 것은 역시 하나님의 구원의 언약에 의한 낳아짐이라는 말입니다.

포도주를 가득히 부은 : 지혜를 많이 받았다.

섞은 포도주 : 율법을 완전하게 한 성령의 법

포도주란 어떤 사람이 자기를 부인하고 하나님을 향했을 때 곧 말씀을 따름으로 나타나는 결과를 말입니다.

예수 그리스도의 포도주는 성령의 법이며 하나님께 선택을 받은 모든 이들이며 우리에게는 성경을 깨닫게 하는 지혜와 깨달은 구원의 방법과 그것을 전했을 때 맺게 되는 열매와 전도의 결과 등이 모두 포도주입니다.

허리 : 진리를 매는 곳으로 낳음을 행하는 곳

(눅 12:35) 허리에 띠를 띠고 등불을 켜고 서 있으라

(출 1:5) 야곱의 허리에서 나온 사람이 모두 칠십이요 요셉은 애굽에 있었더라

말씀을 따름으로 영이 영을 낳는 것입니다.

다시 본문을 보시면

백합화로 두른 밀 단 : 예수 안에 있는 말씀, 성령의 법

(롬 8:2)
이는 그리스도 예수 안에 있는 생명의 성령의 법이 죄와 사망의 법에서 너를 해방하였음이라

3. 두 유방은 암사슴의 쌍태 새끼 같고

(아 4:5)
네 두 유방은 백합화 가운데서 꼴을 먹는 쌍태 어린 사슴 같구나

유방은 젖을 낼 수 있는 곧 전하기에 필요한 말씀을 받아 가지고 있는 것을 말합니다.

백합화 가운데서 : '예수 그리스도 안에', '예수 그리스도를 따르는 중에'라는 말입니다.

꼴을 먹는 쌍 태 어린 사슴 같구나 : 지혜를 구하여 받아 행하는 것을 보니 예수께서 제자들을 둘씩 보낸 것같이 보인다는 말입니다.

아직 연약한 상태이지만 꼴인 하나님의 말씀을 받아 행하는 그리스도와 연합된 자 같다는 말입니다.

쌍 태란 성전(심령이 하나님이 계신 성전)의 두 기둥 곧 영육이 연합됨을 말합니다.

다시 본문을 보시면

암사슴 : 말씀을 받아서 하나님을 향할 자를 낳을 자

꼴에 대한 말씀을 보시면

(요 10:9)
내가 문이니 누구든지 나로 말미암아 들어가면 구원을 받고 또는 들어가

며 나오며 꿀을 얻으리라

예수를 영접하는 것이 구원을 받는 길로 들어가는 것이며 구하여 받은 꿀 곧 지혜를 얻으리라.

하나님을 향하는 자를 양이라 하며 양이 먹어야 하는 것이 꿀입니다.

예수로 말미암아 들어가면(좁은 문) 구원을 받을 수 있는 것이고 영을 살릴 수 있는 양식(꿀, 성령의 법)을 받을 수 있는 것입니다.

다시 (아 4:5)을 보시면

어린 사슴 : 세상에 마음을 빼앗기기 쉬운 연약한 상태이나 하나님을 의지하는 순전한 어린아이와 같은 자

다시 본문을 보시면

새끼 : 아직 지혜가 부족함을 말합니다.

음녀의 경우를 보면

(잠 5:20)

내 아들아 어찌하여 음녀를 연모하겠으며 어찌하여 이방 계집의 가슴을 안겠느냐

음녀란 하나님 말씀을 하면서도 세상에 속한 말을 하는 자이며 이방 계집의 가슴이란 하나님 말씀과 다른 세상의 말을 하나님 말씀인 양 거짓으로 증거 하는 것을 말합니다.

음녀 또한 낳고 젖을 먹입니다.

4. 목은 상아 망대 같구나 눈은 헤스본 바드랍빔 문 곁에 있는 연못 같고 코는 다메섹을 향한 레바논 망대 같구나

목은 상아 망대 같구나 : 거짓이 없는 순전한 하나님 말씀의 힘을 가진 파수꾼 같구나

'목'이란 하나님과 연결됨을 곧 하나님께 지혜를 구하여 받는 것을 말합니다.

상아는 희다는 의미이며 곧 정결함을 의미합니다.

하나님께 구하여 받은 지혜로 자신의 심령을 정결하게 한다는 말입니다.

눈은 헤스본 바드랍빔 문 곁에 있는 연못 같고 : 바드랍빔은 '무리 중에 얻은 딸'이란 뜻으로 예수님의 좁은 문 앞에서 예수님을 기다리는 마음이 간절함을 나타낸 표현입니다 .

헤스본 : 지혜, 명철

바드랍빔 : 무리 중에 얻은 딸

코는 다메섹을 향한 레바논 망대 같구나 : '코'는 호흡하는 것을 말하며 하나님께 지혜를 구하여 받는 것이 호흡하는 것입니다.

다메섹은 사울이 예수를 만난 곳입니다.

우리들 또한 말씀을 듣고 다메섹을 향해야 하는 것을 말합니다.

다메섹은 높음을 추구하는 생각을 말하며 자기 생각을 강하게 주장하는 것을 말합니다.

코가 다메섹을 향했다는 것은 구하여 받은 지혜로 낮음을 행하였다는 것입니다.

망대는 파수꾼의 기능을 말하는 것입니다.
출입을 관리하는 것을 말하는데 자신이 세상 것의 미혹에 빠지지 않게 하는 것입니다.
구하여 받은 말씀이 망대의 역할을 하는 것입니다.

(아 4:8)에 '레바논에서부터 나와 함께 가자'라고 말씀하십니다.
레바논에서부터 : 자신이 성전 지을 재료인 백향목이 되어 심령에 하나님의 전을 건축하기 시작해야 함을 말합니다.

5. 머리는 갈멜 산 같고 드리운 머리털은 자주 빛이 있으니 왕이 그 머리카락에 매이었구나

머리는 갈멜 산 같고 : 받은 말씀이 하나님께 직접 받은 지혜의 말씀이라는 말입니다.
갈멜산에서 엘리야가 하늘에서 불이 떨어지게 해달라고 기도하니 하늘에서 불이 내려와 제단을 훑은 기록이 있습니다. 그것을 은유한 것입니다.
자주 빛 머리털 : 하나님께로부터 받은 지혜의 말씀.
자주색은 왕의 색입니다. 그리스도와 더불어 왕 노릇하는 것입니다.

왕이 그 머리카락에 매이었구나 : 왕은 그리스도와 더불어 왕이 된 자 곧 지혜자를 말합니다.
지혜자에게 왕은 예수 그리스도입니다.
그러므로 지혜자는 그리스도에게 받은 지혜에 매이게 곧 인도함을 받게 되는 것입니다.

– 예수 그리스도의 노래 –

6. 사랑아 네가 어찌 그리 아름다운지, 어찌 그리 화창한지 즐겁게 하는구나

말씀을 따르는 자가 하나님을 사랑하는 자이며 하나님의 사랑을 입은 자이기에 사랑아 하십니다.

하나님의 뜻인 구원을 받는 길을 가기에 아름답다고 하십니다.

사랑하는 자의 심령이 화창하다 하십니다.

자기 부인의 길을 가니 세상에 속한 생각이 없기에 맑고 깨끗한 것입니다.

자신의 심령을 정결하게 하는 것이 하나님께 영광을 드리는 것이기에 '즐겁게 하는구나'라고 하십니다.

7. 네 키는 종려나무 같고 네 유방은 그 열매송이 같구나

'키'란 지혜가 자라는 것을 말합니다.

(마 6:27)
너희 중에 누가 염려함으로 그 키를 한 자라도 더할 수 있겠느냐

세상 것을 얻기 위한 염려는 헛된 것이라는 말입니다.

늘 하나님께 구하여 지혜를 받는 것이 키가 자라는 것입니다.

다시 본문을 보시면

구하여 받은 말씀이 많아 세상에 마음을 빼앗기지 않는 승리자인 종려나무 같다 하십니다.

유방은 젖을 낼 수 있는 곧 전하기에 필요한 말씀을 많이 받아 가지고 있는 것을 말합니다.

열매송이 같구나 : 받아 가진 지혜로 많은 열매를 맺을 수 있음을 말합니다.

8. 내가 말하기를 종려나무에 올라가서 그 가지를 잡으리라 하였나니 네 유방은 포도송이 같고 네 콧김은 사과 냄새 같고

종려나무에 올라가서 : 하나님께 늘 지혜를 구하여 받아 세상의 미혹을 이기는 자가 돼라.

그 가지를 잡으리라 : 종려나무 가지는 초막을 짓는 데 쓰이는 재료입니다.

초막은 나그네의 삶을 말하며 고난의 길을 가는 것을 말합니다.

잡는다는 것은 늘 지혜를 구하는 것을 말하며 예수와 함께 고난을 받는 길을 가는 것을 말합니다.

(벧전 4:1)

그리스도께서 이미 육체의 고난을 받으셨으니 너희도 같은 마음으로 갑옷을 삼으라 이는 육체의 고난을 받은 자는 죄를 그쳤음이니

그리스도께서 이미 육체의 고난을 받으셨으니 너희도 같은 마음으로 육적인 것과 세상의 것에 마음을 빼앗기지 않도록 말씀의 갑옷을 입으라.

말씀을 따름으로 인하여 자신의 세상에 속하고자 하는 생각과의 다툼이 고난인 것입니다.
그러므로 고난을 받은 자는 말씀을 따름으로 하나님의 뜻을 이루게 되는 것입니다.
죄란 하나님의 뜻과 다른 생각이나 자기 생각대로 행하는 것입니다.

다시 본문을 보시면
네 유방은 포도송이 같고 : 젖을 낼 수 있는 곧 말씀을 전하기에 필요한 말씀을 받아 가지고 있는 지혜자는 그리스도의 포도원에서 포도열매를 많이 맺을 수 있을 것이다.
콧김이 사과 냄새 같고 : 호흡하는 것 중에 들이마시는 것은 말씀을 구하여 받는 것이고, 내 쉬는 것은 받은 말씀을 전하는 것입니다.
그 내는 말씀이 받는 자의 마음을 사과처럼 시원하게 하는 말씀이라는 뜻입니다.
이 호흡이 곧 '생기'입니다. 호흡을 하면 영생을 하는 것입니다.
(창 2:7)
여호와 하나님이 땅의 흙으로 사람을 지으시고 생기를 그 코에 불어넣으시니 사람이 생령이 되니라

9. 네 입은 좋은 포도주 같을 것이니라 이 포도주는 내 사랑하는 자를 위하여 미끄럽게 흘러내려서 자는 자의 입을 움직이게 하느니라

'입'은 말씀을 따름으로 인한 모든 생각과 행위를 말합니다.

포도주 같을 것이니라 : 포도주는 말씀을 행함으로 나타나는 결과를 말하며 하나님의 뜻을 이루는 결과를 낼 것이라는 말입니다.

말씀을 행함으로 나타나는 결과는 그리스도를 따름으로 인한 그리스도의 향기 곧 증거의 삶을 말합니다.

내 사랑하는 자란 그리스도를 따르려는 자들을 말하며 지혜자가 내는 그리스도의 향기는 그리스도를 따르려는 자에게 본이 되어 자는 자의 입 곧 생각과 행위를 말씀을 따르게 한다고 하십니다.

자는 자 : 자신이 죽는 길로 가고 있음을, 예수로 말미암아 구원을 받을 수 있음을 깨달은 자를 말합니다.

즉, 빛을 찾고 있으나 빛을 찾지 못한 상태가 자고 있는 것입니다.

빛을 찾아야 함을 깨닫고 있는 자를 말합니다.

열왕기에나 역대기에서 죽었다, 잔다. 라는 말씀이 많이 나옵니다.

어느 왕이 죽고 다음 왕이 세움을 받는다는 말씀을 반복합니다.

그러면서 죽은 왕이나 자는 왕의 사적이 역대지략에 기록되었다고 합니다.

기록된 성경 말씀을 읽고 깨달은 자의 심령에 죽고, 자는, 세움을 받은 왕이 행한 사적에서 깨달음이 있을 것이라는 말입니다.

10. 나는 내 사랑하는 자에게 속하였도다 그가 나를 사모하는구나

(요 14:21)

나의 계명을 지키는 자라야 나를 사랑하는 자니 나를 사랑하는 자는 내 아버지께 사랑을 받을 것이요 나도 그를 사랑하여 그에게 나를 나타내리라

(요일 4:16)

하나님이 우리를 사랑하시는 사랑을 우리가 알고 믿었노니 하나님은 사랑이시라 사랑 안에 거하는 자는 하나님 안에 거하고 하나님도 그의 안에 거하시느니라

하나님이 우리를 살리시려고 아들을 보내어 십자가에서 대속함으로 우리를 구원의 길을 가도록 하신 것은 우리가 잘해서가 아닌 하나님의 사랑으로 인함을 우리가 깨닫고 하나님을 의지하여 구하여 받은 지혜를 따르는 것이 하나님 안에 거하는 것이며 자신의 심령이 하나님이 계신 전이 되는 것입니다.

다시 본문을 보시면

그가 나를 사모하는구나 : 사모한다는 것은 늘 지혜를 구한다는 말입니다.

(잠 8:17)

나를 사랑하는 자들이 나의 사랑을 입으며 나를 간절히 찾는 자가 나를 만날 것이니라

하나님은 구하는 자에게 지혜를 주십니다.

11. 내 사랑하는 자야 우리가 함께 들로 가서 동네에서 유숙하자

들로 가서: 광야로 가서 중심은 예수와 함께 변방인 세상에 속한 세상에 속하려는 생각들에게 가서 말씀을 전하여 하나님께로 돌이키게 하자.

동네에서 유숙하자: '동네'란 같은 생각을 가진 자가 모인 곳을 말하며 하나님을 향하고자 하는 생각들에게 말씀을 전하여 돌이키게 하자. 유숙이란 그 집에서 머무는 것을 말합니다.

(마 10:11)
어떤 성이나 마을에 들어가든지 그 중에 합당한 자를 찾아내어 너희가 떠나기까지 거기서 머물라

마을에서 합당한 자가 있는 곳이 동네입니다.

합당한 자란 하나님의 말씀을 찾는 자를 말합니다.

12. 우리가 일찍이 일어나서 포도원으로 가서 포도 움이 돋았는지, 꽃술이 퍼졌는지, 석류 꽃이 피었는지 보자 거기에서 내가 내 사랑을 네게 주리라

일찍 일어나는 이유는 일을 하려는 것입니다.

또한 하나님의 말씀을 받음으로 깨달아서 일어나는 것입니다.

또한 누워 있던지 앉아 있던지 자고 있으니 깨달아 일어나라는 것입니다.

포도원으로 가서 : 그리스도의 포도원에 가서 그리스도를 따르는 곧 그리스도를 머리로 삼는 것을 말합니다.

포도 움이 돋았는지 : 그리스도를 따르는 것이 영이 사는 길입니다.

꽃술이 퍼졌는지 : 꽃을 피울 준비를 하였는지 곧 그리스도 예수 안에 있는 성령의 법을 따랐는지

석류 꽃이 피었는지 : 그리스도를 머리로 삼아 하나님을 향하여 피 흘리는 삶을 살았는지

거기에서 내가 내 사랑을 네게 주리라 : '거기에서' 곧 자기 십자가 지고 자기부인의 길을 가는 중에 예수께서 함께하신다고 합니다.

예수께서 지혜자를 사랑하시는 이유는 예수를 따르기 때문입니다.

(요 14:21)
나의 계명을 지키는 자라야 나를 사랑하는 자니 나를 사랑하는 자는 내 아버지께 사랑을 받을 것이요 나도 그를 사랑하여 그에게 나를 나타내리라

자기의 그릇에 맞는 지혜를 받아 환난 중에서 세상에 속한 자기를 이기고 열매를 맺을 만한 상태가 되었는가 보시는 것입니다.

13. 합환채가 향기를 뿜어내고 우리의 문 앞에는 여러 가지 귀한 열매가 새 것, 묵은 것으로 마련되었구나 내가 내 사랑하는 자 너를 위하여 쌓아 둔 것이로다

합환채 : 댓가를 지불함을 말합니다.

(창 30:16)
저물 때에 야곱이 들에서 돌아오매 레아가 나와서 그를 영접하며 이르되

내게로 들어오라 내가 내 아들의 합환채로 당신을 샀노라 그 밤에 야곱이 그와 동침하였더라

내 아들의 합환채로 당신을 샀노라 : 말씀을 받아 깨달아서 행하겠다는 말입니다.

야곱이 그와 동침하였더라 : 말씀을 전하였다는 것이며 받은 자는 행하는 것입니다.

다시 본문을 보시면

합환채가 향기를 뿜어내고 : 지혜를 구하여 받아서 자신의 심령을 정결하게 하는 것이 대가를 지불하는 것입니다.

받은 지혜로 자신의 생각들을 하나님을 향하여 돌이키게 하는 것이 향기를 내는 것입니다.

우리의 문 앞에는 : '우리'는 예수와 함께하는 지혜자를 말합니다.

우리가 좁은 문으로 들어가면 열매를 맺을 수 있을 것이라는 말입니다.

두드려야 열리는 것입니다.

귀한 열매가 새 것, 묵은 것 : 하나님의 뜻을 이루어 맺는 열매가 성령의 인도함으로 얻는 것과 율법으로 인하여 얻은 깨달음으로 맺는 것

마련되었구나 : 두드리면 열리는 것이며 좁은 문으로 들어가면 열매를 맺을 수 있는 것입니다.

내가 내 사랑하는 자 너를 위하여 쌓아 둔 것 : 예수를 사랑하는 자는 예수께서 주신 계명을 지키는 자이며 예수의 사랑을 입는 자가 되는 것입니다.

그러므로 예수를 사랑하기에 받는 대가가 예수께서 사랑하는 것입니다.

이때 비로써 열매를 맺게 되는 것입니다.

8장

1. 네가 내 어머니의 젖을 먹은 오라비 같았더라면 내가 밖에서 너를 만날 때에 입을 맞추어도 나를 업신여길 자가 없었을 것이라

네가 : 지혜자에게 말씀을 받아야 할 자이며 자신이 죽는 길로 가고 있음을 깨달아야 할 자

내 어머니의 젖을 먹은 오라비 같았더라면 : 성령의 인도함으로 지혜를 받아 전할 자인 오라비 같았더라면 즉, 자신이 죄인임을 인정했더라면

내가 밖에서 너를 만날 때에 : 예수께서, 예수와 함께하는 지혜자가 너를 만날 때에

입을 맞추어도 : 그리스도의 말씀을 마음으로 받아 깨닫기를 원하였는데 말씀을 받지 않았다는 말입니다.

(시 2:12)

그의 아들에게 입맞추라 그렇지 아니하면 진노하심으로 너희가 길에서 망하리니 그의 진노가 급하심이라 여호와께 피하는 모든 사람은 다 복이 있도다

시편의 '그 아들'이 바로 그리스도입니다.

그리스도께 입을 맞추기를 원한다는 것은 그리스도의 말씀을 마

음으로 받아 깨닫기를 원한다는 것입니다.
그러면 그리스도의 말씀은 무엇일까요?
하나님으로는 할 수 있게 하시는 부으시는 지혜 곧 '성령의 법'입니다.

다시 본문을 보시면
나를 업신여길 자가 없었을 것이라 : 업신여겼다는 말입니다.
자신은 하나님의 선민이라고 주장하기에 예수를 또한 예수와 함께하는 지혜자가 전하는 말씀을 듣지 않는 것입니다.
그러니까 깨달으라는 말씀입니다.

2. 내가 너를 이끌어 내 어머니 집에 들이고 네게서 교훈을 받았으리라 나는 향기로운 술 곧 석류즙으로 네게 마시게 하겠고

내가 너를 : 예수께서 또는 예수와 함께하는 지혜자가 자신이 죽는 길로 가고 있음을 깨달아 하나님을 의지하고자 하는 너를
이끌어 내 어머니 집에 들이고 : 예수께서는 성령으로 나셨고 지혜자 또한 성령으로 나아졌기에 성령이 어머니입니다.
어머니의 집이란 말씀을 따르는 자는 자신의 심령이 성령의 전이 되는 것입니다.

(고전 3:16)
너희는 너희가 하나님의 성전인 것과 하나님의 성령이 너희 안에 계시는 것을 알지 못하느냐

(고전 6:19)
너희 몸은 너희가 하나님께로부터 받은 바 너희 가운데 계신 성령의 전인 줄을 알지 못하느냐 너희는 너희 자신의 것이 아니라

다시 본문을 보시면

네게서 교훈을 받았으리라 : 성령의 인도함을 받으면 서로가 증거의 삶을 보이기에 교훈이 되는 것입니다.

나는 향기로운 술 : 말씀을 따름으로 자기 부인을 하게 되는 것을 말합니다.

석류즙으로 네게 마시게 하겠고 : 향기로운 술이란 말씀을 따름으로 하나님을 향하여 자신의 희생인 피 흘리는 삶 곧 석류즙을 마시는 것입니다.

마시는 것은 삶에 적용됨을 말합니다.

석류즙 : 예수께서 흘리신 붉은 피와 같다는 것이며 예수를 따르는 곧 자기 십자가 지고 자기 부인하는 피 흘리는 자의 모습을 말합니다.

3. 너는 왼팔로는 내 머리를 고이고 오른손으로는 나를 안았으리라

지혜를 받은 너는 왼팔로는 지혜를 전한 내 머리를 고이고 오른손으로는 지혜를 전한 나를 안았으리라 다음 말씀은 반대로 설명합니다. 의미는 같습니다.
(아 2:6) 그가 왼팔로 내 머리를 고이고 오른팔로 나를 안는구나

그가 : 예수 그리스도께서
왼팔로 내 머리를 고이고 : 예수께서 지혜자의 머리를 '높인다'는 뜻입니다.
'머리를 높인다'는 것은 지혜자가 받은 지혜를 전하여 많은 열매를 맺는 것이 교회의 머리 된 예수 그리스도를 높이는 것이기에 이렇게 표현한 것입니다.
예수께서 지혜자를 하나님의 뜻을 이루게 하시니 지혜자가 세상과 분리되었음을 말합니다.
왼편이나 왼쪽은 말씀을 전하고 행하였더니 나타나는 결과를 말합니다.

오른팔로 나를 안는구나 : 하나님의 말씀을 받아 힘 있는 오른(하나님의 뜻을 이루는) 팔(가진 말씀의 힘)로 예수를 따라가라는 말씀입니다.
오른쪽이나 오른편은 하나님의 뜻을 이루고자 하는 방편을 말합니다.
즉, 구하여 받은 말씀의 힘으로 예수를 따르는 길을 가면 열매 맺는 곧 구원을 받을 수 있다는 말입니다.

(잠 4:8)
그를 높이라 그리하면 그가 너를 높이 들리라 만일 그를 품으면 그가

너를 영화롭게 하리라

'높이라'는 것은 위의 것을 구하여 받아 따르라는 것입니다.

'높이 들리라'는 세상에 마음을 빼앗기지 않는 마음의 상태 곧 세상과 구별되게 하신다는 말입니다.

거룩함에 한 걸음 더 나아가는 것이며 하나님을 닮아 가는 것이기에 높이 드시는 것이 되는 것입니다.

영화롭게 하신다는 것은 하나님의 영광을 위하는 것이라는 말입니다.

4. 예루살렘 딸들아 내가 너희에게 부탁한다 내 사랑하는 자가 원하기 전에는 흔들지 말며 깨우지 말지니라

내 사랑하는 자 : (아 2:7, 아 3:5)의 '노루와 들사슴'

(아 2:7, 아 3:5)

예루살렘 딸들아 내가 노루와 들사슴을 두고 너희에게 부탁한다 내 사랑이 원하기 전에는 흔들지 말고 깨우지 말지니라

예루살렘 딸들아 : 마음으로 하나님의 말씀을 따르고자 하여 하나님을 향할 자를 낳을 자들아

노루와 들 사슴 : 여리고 순한 곧 세상에 마음을 빼앗기기 쉬운 연약한 상태인 우리들을 말하고 있습니다.

너희에게 부탁한다 : 노루와 들 사슴과 같은 연약한 상태인 자들에게 하나님의 말씀을 전하여 하나님을 향하도록 하라.

깨우지 말라는 것은 노루와 사슴이 자고 있다는 것인데 잔다는 것은 야곱이 날이 새도록 천사와 언약을 받기 위해 싸우는 것과 동일한 과정입니다.

그런데 내 사랑이 원하기 전에는 흔들지 말고 깨우지 말라 하십니다.
말씀을 선하는 자가 전한 말씀은 받는 자가 원하느냐에 따라서 임하는 것입니다.
구하는 자에게 곧 갈급함이 있는 자가 말씀을 깨닫게 되는 것입니다.
결국 '사랑이 원하기 전에'라는 말은 하나님을 향한 길을 가는 중에 연단을 통하여 하나님을 의지해야 구원을 받을 수 있음을 깨달았을 때까지를 말합니다.

(마 10:6)
오히려 이스라엘 집의 잃어버린 양에게로 가라

잃어버린 양은 여기서도 저기서도 빛을 보지 못함으로 빛을 찾아 헤매는 자이며 하나님을 향하고자 하는 자입니다.
빛을 찾는 자에게 말씀을 깨닫게 하시는 것입니다.

(마 10:13)
그 집이 이에 합당하면 너희 빈 평안이 거기 임할 것이요 만일 합당하지 아니하면 그 평안이 너희에게 돌아올 것이니라

하나님의 말씀을 구하는 자가 합당한 자이며 말씀을 전하는 자는 받는 자의 심령에 평안을 주는 말씀을 전해야 하며 말씀을 간구하는 자가 합당한 자가 되어 말씀을 받아 깨닫게 되는 것입니다.

그러므로 말씀을 전하는 자는 받는 자가 말씀을 받든지 받지 않든지 하는 반응을 마음에 두지 말라 하십니다.
말씀을 깨닫게 하시는 이는 성령이십니다.
즉, 흔들지 말고 깨우지 말라 하십니다.

(마 10:14)
누구든지 너희를 영접하지도 아니하고 너희 말을 듣지도 아니하거든 그 집이나 성에서 나가 너희 발의 먼지를 떨어 버리라

발의 먼지를 떨어 버리라 : '흔들지 말고'와 같은 의미로 자신의 생각대로 마음을 쓰지 말라는 뜻입니다.
흔든다는 것을 욥기에 말씀하는 '매달려 흔들리느니라' 즉, 흔들어 죄 사함을 받는 요제를 뜻하는데 택함을 받은 자가 원하기 전에 곧 연단을 이겨내기까지 두라는 것입니다.

(욥 28:4)
그는 사람이 사는 곳에서 멀리 떠나 갱도를 깊이 뚫고 발길이 닿지 않는 곳 사람이 없는 곳에 매달려 흔들리느니라

다시 본문을 보시면
시편에 '그의 사랑하시는 자에게는 잠을 주시는도다'라고 하는 말씀이 본 절에서 말씀하시는 깨우지 말라는 말씀은 자고 있다는 것이며 시편의 '잠'입니다.

(시 127:2)
너희가 일찍이 일어나고 늦게 누우며 수고의 떡을 먹음이 헛되도다 그

러므로 여호와께서 그의 사랑하시는 자에게는 잠을 주시는도다

(잠 3:24)
네가 누울 때에 두려워하지 아니하겠고 네가 누운즉 네 잠이 달리로다

지혜를 구하여 받았으면 자신의 심령에 전하여 행하게 해야 합니다.

받은 지혜를 전하는 곳이 세상에 마음을 빼앗겨 있고, 빼앗기기 쉬운 상태인 자신의 심령에 전하는 때가 '누울 때'입니다.

세상은 '밤'으로 표현하기에 세상에 속한 상태는 침상에 있는 것이며 누워있는 것으로 표현합니다.

세상에 속한 또는 속하려는 생각을 지우는데 두려워하지 않는다는 말입니다.

'누운즉 잠이 달리라'는 것은 세상인 심령에 말씀을 전하며 행하게 함으로 마음에 안식이 있게 되는 것이며 세상에 있어도 마음에는 괴로움이 없을 것이라는 표현입니다.

5. 그의 사랑하는 자를 의지하고 거친 들에서 올라오는 여자가 누구인가 너로 말미암아 네 어머니가 고생한 곳 너를 낳은 자가 애쓴 그 곳 사과나무 아래에서 내가 너를 깨웠노라

(아 3:6)의 '거친 들에서 오는 자'는 그리스도 예수 안에 있는 성령의 법을 말하는 것입니다.

거친 들에서 올라오는 여자 : 세상에 마음을 빼앗긴 상태 혹은 빼앗

기기 쉬운 상태를 알기에 지혜자가 전하는 말씀을 받아 행하려는 자

너로 말미암아 : 말씀을 받아 행하려고 하기에

네 어머니가 고생한 곳 너를 낳은 자가 애쓴 그 곳 : 말씀을 받고자 하는 자의 심령을 말합니다.

성령의 인도함이 있기에 말씀을 받으려는 것이며 말씀을 받는 것이 잉태하는 것이며 해산하기까지 고생하는 것이 애쓴 것입니다.

열매를 맺는 것이 성령으로 낳아지는 것입니다.

그래서 그 곳 곧 마음으로 말씀을 받아 행하였더니 자신이 사과나무가 되는 것입니다.

6. 너는 나를 도장 같이 마음에 품고 도장 같이 팔에 두라 사랑은 죽음 같이 강하고 질투는 스올 같이 잔인하며 불길 같이 일어나니 그 기세가 여호와의 불과 같으니라

도장 같이 마음에 품고 : 지혜를 받는 자는 받은 지혜를 마음 판에 새기라.

새기는 것은 행하는 것입니다.

도장 같이 팔에 두라 : 말씀의 힘을 가진 팔을 쓸 때에 자신의 생각을 넣지 말고 하나님의 뜻을 이루려고 받은 말씀을 행하라.

사랑은 죽음 같이 강하고 : 말씀을 따르는 것이 하나님을 사랑하는 것이며 하나님의 사랑을 입는 것이며 그 사랑이 자기 부인을 하게 하니 곧 살리는 것입니다.

질투는 스올 같이 잔인하며 : (출 34:14)에 '다른 신에게 절하지 말라

여호와는 질투라 이름하는 질투의 하나님'이라 하셨습니다.
다른 신에게 곧 하나님이 아닌 것을 의지하는 자의 심령은 스올인 것입니다.
하나님은 다른 것을 의지하는 자를 멸한다는 것이며 멸한다는 것은 그릇됨을 깨닫게 하여 하나님께 돌이키게 하신다는 말입니다.

질투는 불길 같이 일어나니 : 질투는 사랑함으로 일어나는 것입니다.
즉, 하나님은 하나님과 다른 생각을 말씀인 불로 태우시는 분입니다.
그 기세가 여호와의 불과 같으니라 : 불은 멸절과 정결을 의미합니다.
말씀을 받나 받지 않으나 죽는 것은 같습니다.
받으면 자신의 생각은 죽고 영이 사는 것이며 받지 아니하면 영이 죽는 것입니다.

불에 대한 말씀을 보시면
(눅 12:49)
내가 불을 땅에 던지러 왔노니 이 불이 이미 붙었으면 내가 무엇을 원하리요
예수께서는 불인 말씀을 전하러 오셨습니다.
예수를 곧 말씀을 받은 자는 자신의 심령에 불이 붙는 것입니다.
그 불로 자신의 생각을 태우는 것입니다.
말씀인 불이 붙어야 하는 것입니다.
다른 불을 붙이는 것이 다른 신에게 절하는 것입니다.

7. 많은 물도 이 사랑을 끄지 못하겠고 홍수라도 삼키지 못하나니 사람이 그의 온 가산을 다 주고 사랑과 바꾸려 할지라도 오히려 멸시를 받으리라

많은 물 : 세상의 말

이 사랑을 끄지 못하겠고 : 세상의 말로 옳다고 주장을 해도 하나님의 사랑을 입은 자가 전하는 말씀을 이기지 못하겠고

홍수라도 삼키지 못하나니 : 아주 강한 주장과 논리적인 말이라도 하나님 말씀의 논리를 이기지 못하나니

사람이 그의 온 가산을 다 주고 사랑과 바꾸려 할지라도 : 자신이 가진 것을 사용하여 곧 자신의 생각대로 행위로서 잘해서 구원을 받을 수가 없는 것이며 구원은 하나님의 은혜로 받는 것입니다.

오히려 멸시를 받으리라 : 하나님은 행위대로 심판하십니다.

대다수의 사람들은 하나님이 또는 예수께서 사람을 사랑하신다고 즐거워만 하는 것이 얼마나 어리석은 것인지 알아야 합니다.
세상을 사랑하여 율법을 주었더니 행위로만 지키려고 하여 죽는 길로 가기에 아들까지 죽여 사는 길을 열어 주었건만 사람들은 말씀에는 관심이 없습니다.
그리고는 예수님이 십자가에 나를 위해 달리셨으므로 나는 그것을 알므로 구원 받았다고 생각을 합니다.

하나님을 믿는다면 말씀을 따라야 합니다.
자기를 부인하고 자기 십자가를 져야 하는데 그 말씀을 따를 생각은 하지 않고 오히려 거꾸로 썩을 세상에서 더 잘살기를 원하여

복을 빌고 세상의 썩을 것을 더 가지면 하나님이 자신을 축복하시는 것이라고 믿으며 자신은 이미 구원을 받은 것이라고 믿고 있습니다.

이 같은 사람들의 생각이 얼마나 어리석은가 또한 나도 그 부류는 아니었는지 자신을 돌아보아야 합니다.

- 예루살렘 여자들의 노래 -

8. 우리에게 있는 작은 누이는 아직도 유방이 없구나 그가 청혼을 받는 날에는 우리가 그를 위하여 무엇을 할까

'우리'는 예수와 함께하는 지혜자이며 우리가 전하는 말씀을 받은 자를 작은 누이라고 합니다.

작은 누이는 또한 '낳을 자'이고 작은 산인 시온산에서 낳아진 자이므로 작다는 표현을 한 것입니다.

또한 성장을 시작하는 시기이므로 작다고 표현한 것이기도 합니다.

유방이 없구나 : 유방은 젖을 낼 수 있는 곧 말씀을 전하기에 필요한 말씀을 받아 가지고 있는 것을 말합니다.

아직 받은 지혜가 적어 전할 수 있는 상태가 아닌 양육을 받는 상태라는 말입니다.

그가 청혼을 받는 날에는 : 작은 누이도 지혜자와 똑같은 과정을 거쳐야 합니다.

이때는 반대로 지혜자가 그를 돕는 자가 되는 것입니다.

모든 지혜를 받는 자는 사람을 통하든지 하나님께 직접 지혜를 받는 동일한 과정을 거칩니다.
후에는 하나님과 일대일의 관계에 놓이게 되는 것입니다.

본서의 내용은 지혜자와 예수 그리스도에 대한 내용이지만 본절의 작은 누이도 동일한 과정으로 아가의 노래를 듣게 됩니다.
또 후에 낳아지는 모든 자들도 모두 동일합니다.
그렇기 때문에 결국 지혜자도 작은누이도 또 이외의 선택을 받는 누구라도 그릇의 모양만 다를 뿐 하나님 앞에서는 모두 동일한 위치에 있는 것입니다.

9. 그가 성벽이라면 우리는 은 망대를 그 위에 세울 것이요 그가 문이라면 우리는 백향목 판자로 두르리라

8절의 '우리가 그를 위하여 무엇을 할까'라고 말합니다.
그가 곧 작은 누이가 하나님 말씀 한 절 한 절로 성벽을 쌓아 세상말과 세상에 마음을 빼앗기지 않도록 하고자 하면 말씀을 전하여 도울 우리는 작은 누이가 파수꾼의 역할을 할 수 있을 만큼의 지혜를 주어 망대를 세울 수 있도록 할 것이요

작은 누이가 좁은 문을 들어가면 우리는 그들의 심령이 하나님의 전이 될 수 있도록 곧 백향목이 되도록 도울 것이니라

10. 나는 성벽이요 내 유방은 망대 같으니 그러므로 나는 그가 보기에 화평을 얻은 자 같구나

나는 : 예수와 함께하는 지혜자

성벽 : 하나님 말씀 한 절 한 절로 벽을 쌓아야 하는 것이며 세상 말과 세상에 마음을 빼앗기지 않도록 하는 것입니다.

유방 : 유방은 젖을 낼 수 있는 곧 말씀을 전하기에 필요한 말씀을 받아 가지고 있는 것을 말합니다.

망대 : 파수꾼의 역할을 할 수 있을 만큼의 지혜를 받음

그가 : 예수 그리스도가

화평을 얻은 자 같구나 : 그리스도와 함께하여 자기 부인을 이루는 것이 마음이 화평하게 되는 것입니다.

(마 5:9)에 '화평하게 하는 자는 복이 있나니'라고 말씀합니다.

우리들에게 복은 심령이 정결해지는 것입니다.

또한 우리들은 말씀을 전할 때에는 받는 자의 심령을 평안하게 할 수 있는 말씀을 전해야 합니다.

(마 10:12)
또 그 집에 들어가면서 평안하기를 빌라

말씀을 전하는 것은 전함 받는 심령에 평안을 줄 수 있는 말씀을 전하라는 말입니다.

화평이라는 것은 다툼이 없는 것입니다.

말씀을 마음에 심어 자신의 생각을 하나님을 향하도록 하면 그 심

령은 평안하게 되는 것이며 곧 영육이 연합이 되는 것을 말합니다.

예수께서는 검을 주러 오셨다고 하며 분쟁을 하게 하려고 오셨다고 말합니다.

(마 10:34)
내가 세상에 화평을 주러 온 줄로 생각하지 말라 화평이 아니요 검을 주러 왔노라

말씀을 받아서 행하는 것이 검을 쓰는 것이며 말씀을 전하여 깨닫게 하는 것이 분쟁을 멈추게 하여 마음에 평안이 오는 것입니다.

(눅 12:51)

내가 세상에 화평을 주려고 온 줄로 아느냐 내가 너희에게 이르노니 아니라 도리어 분쟁하게 하려 함이로라

또한 화평하게 하는 것은 영과 육이 연합하는 것이며 그리스도를 자신의 머리로 인정하는 것입니다.

(엡 2:14)
그는 우리의 화평이신지라 둘로 하나를 만드사 원수 된 것 곧 중간에 막힌 담을 자기 육체로 허시고

하나님은 우리들의 육체와 마음을 연합하게 하시어 심령에 평강을 주십니다.
우리들은 하나님의 말씀을 받음으로 마음과 육체 사이에 늘 다툼이 일어납니다.

이러한 상태가 우리들은 연단과 환난으로 인식되는 것입니다.
곧 영과 육이 연합해야 심령이 화평한 것입니다.
육체와 마음은 늘 다투게 되는데 연합할 수 없는 담을 예수께서 십자가에서 죽으심으로 허신 것입니다.
예수께서 우리들에게 본을 보이셨습니다.
그러므로 우리들은 하나님의 말씀으로 우리들의 육적인 생각을 죽이는 것이 하나님과 화평하게 되는 것이며 우리들의 영이 사는 것입니다.

– 예수 그리스도의 노래 –

11. 솔로몬이 바알하몬에 포도원이 있어 지키는 자들에게 맡겨 두고 그들로 각기 그 열매로 말미암아 은 천을 바치게 하였구나

'바알하몬'이란 '풍요의 주'라는 뜻으로 하나님께 지혜를 많이 받았다는 뜻입니다.
솔로몬이 지혜를 많이 받아 심령이 포도원이 되었다는 것이며 솔로몬이 전한 지혜를 받은 자도 심령이 포도원이 되는 것이기에 지혜를 받은 자가 자신의 심령인 포도원을 지키는 자가 되는 것입니다.
지키는 자들은 각기 포도원에서 열매를 맺어야 하는 것입니나.
그 열매를 맺는데 대가는 '은 천'이라는 말입니다.
은천을 바치게 하였구나 : 바친다는 것은 구한다는 의미입니다.
자신이 '은 천'에 합당한 십자가를 지겠으니 '은 천'의 지혜를 구하는 것입니다.

그러므로 '은 천'이란 자기 십자가 지고 자기 부인을 할 수 있게 하는 지혜를 말합니다.

즉, 예수 그리스도로 인하여 열매를 맺을 수 있는 지혜를 말합니다.

12. 솔로몬 너는 천을 얻겠고 열매를 지키는 자도 이백을 얻으려니와 내게 속한 내 포도원은 내 앞에 있구나

솔로몬이 받은 지혜를 전함으로 얻는 것이 '천'입니다.

곧 그리스도의 범위 안에서의 사랑, 은혜를 말합니다.

솔로몬이 전한 지혜를 받은 자 곧 열매를 지키는 자는 '이백'을 얻는다고 합니다.

그리스도의 가르침을 받은 자가 되므로 곧 영육이 연합되어 얻는 열매가 이백입니다.

사람이 행위로 얻을 수 있는 것은 '백'입니다.

지키는 자에 대한 말씀을 보시면

(잠 27:18)

무화과나무를 지키는 자는 그 과실을 먹고 자기 주인에게 시중드는 자는 영화를 얻느니라

지혜를 받은 자가 무화과나무가 되는 것이며 받은 지혜를 지키는 자가 열매를 맺는 것입니다.

자기 주인은 그리스도이며 그리스도께 받은 지혜를 전하는 시중

드는 자는 하나님의 뜻을 이루는 것입니다.

다시 본문을 보시면

내게 속한 내 포도원은 내 앞에 있구나 : 예수 그리스도께 속한 그리스도의 포도원은 예수 그리스도 앞에 있다고 하십니다.

내 포도원 : 그리스도를 따르는 자의 심령을 말합니다.

예수 그리스도 앞 : 예수 그리스도를 따르는, 기르침을 따르는 곧 자기 십자가 지고 자기 부인하는 길을 가는 것을 말합니다.

13. 너 동산에 거주하는 자야 친구들이 네 소리에 귀를 기울이니 내가 듣게 하려무나

12절의 열매를 지키는 자의 심령은 하나님이 주신 동산에 거주하는 자가 되는 것입니다.

'친구들이'란 자신에게 말씀을 전한 지혜자 곧 예루살렘의 여자들을 말합니다.

네 소리에 귀를 기울이니 : 하나님이 주신 동산에 거주하는 자는 이제 받은 말씀을 전해야 하는 것입니다.

내가 듣게 하려무나 : 하나님이 주신 동산에 거주하는 것은 자신의 심령이 하나님이 계신 곳이 되는 것이므로 심령 중심에서 하나님께 늘 지혜를 구하라는 말입니다.

14. 내 사랑하는 자야 너는 빨리 달리라 향기로운 산 위에 있는 노루와도 같고 어린 사슴과도 같아라

너는 빨리 달리라 : 깨달았으면 바로 행하라는 말입니다.

향기로운 산 위에 있는 : (아 5:13)에서 뺨이 '향기로운 풀언덕'에서 뺨은 하나님 말씀을 받은 지혜자의 말씀에 대한 반응 곧 전하고 행함의 모습을 말합니다.

본 절에서의 '빨리 달리라'와 같은 의미입니다.

즉, 하나님을 향한 자들이 말씀을 받아 행하여 그리스도의 향기를 내는 것을 말합니다.

'달리다'라는 표현의 말씀을 보시면

(아 2:8)

내 사랑하는 자의 목소리로구나 보라 그가 산에서 달리고 작은 산을 빨리 넘어오는구나

그가 산에서 달린다는 것은 시내산에서 나오는 지혜를 받는 것을 말하며 곧 성경에서 감춰진 만나를 받는다는 말입니다.

'작은 산을 빨리 넘어오는구나'의 작은 산은 시온산에서 성령의 법을 받기를 구한다는 말입니다.

'빨리'라는 표현의 말씀을 보시면

(출 12:11)

너희는 그것을 이렇게 먹을지니 허리에 띠를 띠고 발에 신을 신고 손에 지팡이를 잡고 급히 먹으라 이것이 여호와의 유월절이니라

'급히 먹으라'란 말씀을 깨달았으면 즉시 행하라는 말입니다.

다시 본문을 보시면

노루와도 같고 어린 사슴과도 같아라 : 자신이 세상에 마음을 빼앗기기 쉬운 상태임을 인정하고 지혜가 부족하니 하나님을 의지하라.

하나님의 말씀은 자신에게 주시는 것입니다.

매일 하나님께 구하여 받은 지혜로 살아가는 저와 여러분이 되기를 바랍니다.

이 도서의 국립중앙도서관 출판예정도서목록(CIP)은 서지정보유통지원시스템
홈페이지(http://seoji.nl.go.kr)와 국가자료공동목록시스템(http://www.nl.go.kr/kolisnet)에서
이용하실 수 있습니다. (CIP제어번호 : CIP2020013053)

아가 雅歌

초판 1쇄 발행 2020년 4월 10일

지은이 김길정

펴낸이 임병천
펴낸곳 책나무출판사
출판신고 2004년 4월 22일 (제318-00034)

주소 서울시 영등포구 신길3동 325-70 3F
전화 02-338-1228 **팩스** 0505-866-8254
홈페이지 www.booktree.info

ISBN 978-89-6339-649-1 03200